監修者――五味文彦／佐藤信／高埜利彦／宮地正人／吉田伸之

［カバー表写真］
『平家納経』勧持品見返し

［カバー裏写真］
『阿字義』第七紙

［扉写真］
熊野比丘尼の絵解き
「住吉社頭図屏風」（部分）

日本史リブレット 16

古代・中世の女性と仏教

Katsuura Noriko
勝浦令子

目次

「女性と仏教」という視点

「古代・中世の女性と仏教」というタイトルをみて、どのようなことを問題にするのかと、疑問に思われた方も多いのではないだろうか。たとえば今までの日本史の教科書などに、仏教史、また女性史に関する記述はあっても、「女性と仏教」という視点では、仏教や女性の問題を取り上げてこなかったといってよいだろう。実は、この「女性と仏教」というテーマは、日本人の信心・信仰の歴史を考えるための新しい視点を提供するものとして、一九八〇年代半ば頃から注目され出し、近年研究が盛んになってきたものである。

それまでの教団史に重点を置いた仏教史をみると、ほとんどが寺院や宗派単位に教団の政治や経済の変化を論じ、そして男性僧侶の活動だけを問題にしてきたといってよい。また教理・教学史における女性論は、従来からあったとはいえ、経典にみえる「五障《ごしょう》▲」「女身垢穢《にょしんくえ》▲」「変成男子《へんじょうなんし》▲」など、女性を宗教的に劣った存在とみる見方を前提としたうえで、女性の救済を説くだけに終わっていたものが多い。しかしこの「女性と仏教」という視点は、このような仏教が女性をどう扱ってきたかということだけでなく、むしろさまざまな時代の女性たちが、仏教をどのようにとらえ、受け入れていたのか、そして女性たちの宗教活動が、日本人の信心・信仰の歴史にいかなる影響を与えていたのかを考えるものである。

本書では、この問題を単に狭い意味での女性だけに限定して考えるのではなく、僧と尼の役割、僧寺と尼寺の関係、男性たち女性たちそれぞれの信心など、男性と女性の社会的・文化的な性差のあり方を問うジェンダーの視点をふまえて考えることにしたい。またできるかぎり中国や朝鮮半島の尼たちとも比較し、この問題を東アジアの仏教の中で位置づけていくことも心掛けていきたい。そして「女性と仏教」に関する多くの先行研究を参考にしながら、この問題を古代・中世の日本人の信心・信仰の変遷としてたどることにしたい。

▼**五障**　『法華経』提婆達多品など仏典にみえる語で、女性は梵天王・帝釈天・魔王・転輪聖王・仏の五つの位につけない存在とするもの。日本では障を「さわり」とも訓じ、「五障三従」の罪深き女と、三従と結び付けて使う場合もある。なお三従は未婚の時は父、嫁しては夫、夫死後は息子と、女性は常に男性に従うべき存在とする考えで、儒教やインドのマヌ法典にもみえる。

▼**女身垢穢**　『法華経』では五障の理由として女性は穢れており仏法を受ける器ではないと説いている。

▼**変成男子**　五障の身である女性は女身のままでは成仏できないと説かれ、成仏するために女性が男性に性転換すること。転女成男ともいう。

①―古代の女性と仏教

仏教の伝来と東アジアの尼たち

仏教が外交ルートを通じて倭《わ》に伝来した時期は、壬申《じんしん》年(五五二)説、戊午《ぼご》年(五三八)説をはじめとして、多くの説が出されてきたが、いずれにしても六世紀中頃、百済の聖《せい》王(聖明《せいめい》王)、倭の欽明《きんめい》天皇時代のこととされている。そして『日本書紀』によれば、この時期には、男性の僧たちが百済から儒教を教える五《ご》経博士《きょうはかせ》▲らと共に、政治的な目的を含めて派遣され、交代制で帰国していたという。しかし同じ時期に女性の出家者、すなわち尼が渡来していたという記述はみえない。ただ十一世紀後半頃に書かれた『対馬貢銀記《つしまこうぎんき》』に、欽明天皇の代に対馬の比丘尼《びくに》▲が呉《ご》音で仏教を伝えたため、日本では経論《きょうろん》にみな呉音を用いるようになり、これを対馬音とも称したという伝承がある。対馬は朝鮮半島に最も近く位置し、『魏志倭人伝』に記載された三世紀でも重要な文化流入ルートになっており、仏教の流入も早かったのではないかと考えられる。伝説的な話ではあるが、仏教語に中国南方の呉音を使うことが多いことの由来を、僧でなく尼

▼**五経博士**　詩経・易経・書経・春秋・礼記の五つの儒教経典を講じ、政治顧問の役割を果たす者。中国では前漢から置かれた。倭には六世紀に百済から段楊爾・漢高安茂らが交代制で派遣された。

▼**比丘尼**　サンスクリットのビクシュニーの俗語形音写。乞食女性を原義とし、女性の出家修行者、尼の意。十戒だけを受戒した沙弥尼に対し、正式の出家者の戒である具足戒を受けた尼を指す。

が伝えたことを強調していることは興味深い。

　六世紀の後半になると、『日本書紀』にも尼が渡来したことを伝える記事があらわれる。敏達六(五七七)年に百済王(威徳《いとく》王)が経論と律師《りっし》・禅師《ぜんじ》・比丘尼・呪禁師《じゅごんし》▲・造仏工・造寺工の六人を献じ、これを難波の大別《おおわけ》王の寺に安置したという記事である。寺院造営や仏教受容に必要な人々が百済から派遣されたことがわかるが、この中の一人である比丘尼は、正式に受戒▲をした一定の資格をもつ尼を意味し、百済もしくは中国南朝出身の尼であろう。そしてこのような比丘尼の渡来は、六世紀の東アジア諸国において、僧だけでなく多くの尼が活躍していたことを背景にしていた。

　東アジア諸国の中でも、中国には既に紀元前後に仏教が伝わっていたが、中国女性の尼が誕生したのは、比丘尼受戒に必要な戒本▲の伝来が遅れたことも原因となり、四世紀中頃になってからで、晋の浄検尼《じょうけんに》を最初の比丘尼と伝えている。そして五世紀の南朝の宋では、東南アジアの師子国《ししこく》(現在のスリランカ)から渡来した比丘尼たちの協力によって、三師七証《さんししちしょう》▲による正式受戒をした比丘尼が誕生するようになった。また皇帝による仏教保護のもとで教団も発展し、僧

▼**呪禁師**　呪文を唱え、邪気・邪悪を払うまじないを行なう者。仏教系と道教系があり、百済派遣の呪禁師は前者か。なお律令官制では典薬寮に所属したが、九世紀以降は陰陽師《おんみょうじ》に職掌が吸収された。

▼**受戒**　仏門に入る者が仏教の修行規則を自律的な決心で受けること。在家信者は五戒、沙弥・沙弥尼は十戒、比丘・比丘尼は具足戒を受ける。それぞれに儀式作法がある。

▼**戒本**　戒律の基本となる文献。浄検尼は月支国伝来の『戒本』で具足戒を受けたとされるが、漢訳の有無も不明で、後世にも伝わらず、その後も完備したものはなかった。三七九年になって亀茲(クチャ)国から『比丘尼大戒本』が伝わり漢訳された。

による僧尼の統制監督機関だけでなく、尼が尼を独自に統制監督する機関も成立していた。

そして五、六世紀の南北朝期では、北朝系の尼は宮廷や貴族の私寺を中心にした、やや閉鎖的な活動をしていたが、南朝系の尼は宮廷や貴族の寺だけでなく、民間でも活発に布教活動を行なっていた。特にこの頃は尼教団も発展しており、経典を読誦したり法会《ほうえ》を執行することはもとより、教義を研究して義疏《ぎしょ》を作成し、これを皇帝や貴族に講義するなど、教学的な活動を行なう尼たちも多く輩出していた。南朝の梁の時代には、高徳の僧の伝記が『高僧伝』として編纂されるようになったが、尼たちの活躍を背景に、高徳の尼の伝記も『比丘尼伝』としてまとめられた。ただしその後の時代に、高僧の伝記は書き継がれていったが、尼の伝記は書かれなくなった。

いずれにしても、この時代の南朝系尼の活動は、中国にとどまらず朝鮮半島にも大きな影響を与えていった。朝鮮半島諸国の高句麗、百済、新羅は、五、六世紀の頃にはすでに仏教が民間レベルで伝来していたが、特にこの時期に百済や新羅が南朝の梁に使節を派遣して、積極的に仏教を受容していた。

▼三師七証　比丘、比丘尼となるために具足戒を受ける場合、戒《かい》和尚《わじょう》・羯磨《かつま》師・教授師の三師と証明師七人、計一〇人が審査にあたる。比丘尼の場合は比丘と比丘尼それぞれの三師七証、計二〇人を必要とした。

たとえば新羅では六世紀中頃の法興《ほうこう》王や真興《しんこう》王の時代に、仏教が公認されて発展し、多くの寺院が建立された。法興王妃も永興寺を再興して、王妃は自ら比丘尼になっている。そして『三国遺事』▲によれば、永興寺は新羅に仏教が初めて伝えられた時、高句麗から来た僧の指導のもとに、毛禄の妹の史氏という新羅女性が最初に出家して修行した尼寺であり、これを王妃が再興したという。ほぼ同時期に新羅男性の出家者も出現したらしいが、女性名だけが特に伝承されていることは、後述する倭における最初の出家者が女性であったという伝承を考えるうえでも注目される。

また新羅の僧尼の統制機関は、『三国史記』▲によれば、真興王十二(五五一)年に制定されたが、この中に都唯《つい》那娘《なろう》という尼の管理職名がみえ、これに尼が任命されていた。このように新羅では尼の地位が確立されていた。

なお高句麗や百済の尼の活動は、『三国史記』や『三国遺事』など古代朝鮮諸国の史料にはみえない。しかし『日本書紀』などから推測すると、新羅と同じように尼の活動も活発であったと考えられる。

▼**『三国遺事』**　高麗の僧一然が私的に編纂した史書。一二八〇年代の成立。『三国史記』の未採録史料を収集し、王暦・紀異の遺聞、伝説、また僧伝、寺院・仏塔の建立縁起などがみえ、独自の史料的価値がある。

▼**『三国史記』**　高麗の仁宗の命により金富軾らが編纂した、新羅・高句麗・百済の三国に関する現存最古の史書。一一四五年成立。紀伝体、五〇巻。

善信尼らの誕生

六世紀後半の倭においても、最初の出家者は女性であったという伝承がある。さらに倭から百済に最初に留学したのも、僧ではなく尼であったとされている。『日本書紀』によれば、敏達十三(五八四)年に蘇我馬子《そがのうまこ》の要請により、渡来人司馬達等《しばたっと》の娘の嶋(善信尼)をはじめとする女性三人が、還俗《げんぞく》していた高句麗系渡来僧の指導のもとに、桜井《さくらい》道場(後の豊浦尼寺)で修行したという。しかしその後の廃仏政策でこの尼たちは弾圧され、海石榴市《つばいち》▲で鞭打ちにされる刑罰を受けるなど、受難の時期もあった。ただし蘇我馬子が自らの病気平癒のために、尼たちを礼拝することを天皇に申請し、これが認められて尼たちの活動が再開された。そして善信尼らは正式な受戒をした比丘尼となるために、崇峻元(五八八)年には学問尼として百済へ留学し、正式な戒律を受け、崇峻三年に帰国し、その後は多くの尼の指導者になったと伝えられている。

このように、倭において尼が僧よりも先に成立した理由を、日本人が独自の神観念を基礎に、仏を異国の神である他国神・蕃神《ばんしん》・仏神・客神《まろうどがみ》として受容し、神意を託宣によって媒介する巫女《みこ》▲(シャーマン)、特に家の巫女(ファミリー

▼**海石榴市**　大和の古代の市。比定地は横大路と山辺道の交差する桜井市金屋付近説、また上ツ道の設定後は粟殿付近に移行したとする説がある。古代の市では商業活動の他に、刑罰や歌垣《かがい》なども行なわれた。

▼**巫女**　女性のシャーマン(呪術宗教の職能者)。日本ではミコ・イチコ・カンナギなどと称する霊能者がいた。神がかりして神意を託宣する者や、神に奉仕し神楽などの神事を行なう者、また神社などに定住する巫女、遍歴する歩巫女・口寄せ巫女もおり、活動形態や活動範囲も多様である。

シャーマン)として尼を理解したためと解釈する説がある。この倭において女性の出家が先行したという伝承が存在する背景として、シャーマニズムとの関係を考える必要はあるが、六世紀の倭において、尼を巫女と単純に混同し同一視していたとは考えられない。もちろん倭に伝来した東アジア諸国の仏教は多様性があり、たとえば病気平癒などの呪術的活動が含まれていたことは確かではあるが、このような活動は尼だけに限らず僧にもみられた。また尼が経典読誦や教学研究を行なう専門的宗教者の地位を確立していた時代に、倭の尼が誕生した点を見逃してはならない。善信尼たちは、識字能力が高い渡来系氏族出身者が多く、また高句麗系の僧尼に師事し、南朝系の比丘尼たちの活動の影響を受けた百済に留学したことが、そのことを如実に示している。

仏教伝来期以来、中国や朝鮮半島から渡来した僧や尼が活躍する一方、倭出身の男性出家者たちも増加していった。そしてこれらの僧たちの中から、中国や朝鮮半島に留学し、帰国後に外国人僧が担っていた役割を果すものが多くなっていったが、女性の留学に関しては善信尼たち以降は史料にみえない。

古代の僧寺と尼寺

倭では尼寺に次いで法師《ほうし》寺(僧寺)として飛鳥寺《あすかでら》が最初に建てられ、さらにその後の七世紀前半までに、畿内を中心に多くの寺院が建立された。『日本書紀』推古三十二(六二四)年条には、この頃調査した寺院数は四六カ所あり、僧は八一六人、尼は五六九人、計一三八五人いたと記されている。考古学的な調査による飛鳥期の寺院数は、五〇寺前後と推定されており、その中には善信尼たちの伝承をもつ豊浦寺《とゆらでら》、坂田寺《さかたでら》、また『上宮聖徳法王帝説《じょうぐうしょうとくほうおうていせつ》』▲などに聖徳太子ゆかりの寺という伝承がある中宮寺《ちゅうぐうじ》、池後寺《いけしりでら》、葛木寺《かつらきでら》、橘寺《たちばなでら》をはじめとした、多くの尼寺も含まれていたと考えられる。

たとえば奈良県香芝市尼寺《にんじ》廃寺南遺跡からは、礎石をもつ基壇や七世紀前半の法隆寺《ほうりゅうじ》若草伽藍と同じ軒平瓦が出土している。また尼寺廃寺北遺跡の伽藍跡からは、五重塔の基壇も発見されており、この塔の創建は七世紀後半の可能性が高いが、塔の高さは法隆寺五重塔の三二メートルをしのぐ、四〇メートル級と推定されている。この二つの伽藍をもつ遺跡は、地名から少なくともいずれかは尼寺であった可能性が高い。いずれにしても、当時の尼寺が僧寺と隣接し

▼**『上宮聖徳法王帝説』**　法隆寺系の聖徳太子の伝記。著者未詳。十一世紀中葉以前に成立。聖徳太子の系譜、事績、金石文、太子事績追補、欽明から推古の天皇在位・崩年・陵墓を載せる。

て建立される存在であったことを示している。このような尼寺跡の発掘が増加していることを踏まえると、古代の仏教受容を考える場合に、僧だけでなく尼の存在を十分念頭におく必要があるといえよう。

この他僧寺に隣接して尼寺が建立された例は、飛鳥寺と豊浦寺、法隆寺と中宮寺などいくつか知られている。さらに七世紀後半の白鳳期でも、僧寺と尼寺がセットで建立されたものが多い。

このことを予想させる発掘例としては、大阪市天王寺区の細工谷《さいくだに》遺跡から、「百尼寺」と墨書された土師器《はじき》杯など、尼寺の存在を窺わせる遺物が出土している。この細工谷遺跡から約四〇〇メートル離れた所には、百済王氏《くだらのこにきしうじ》▲が建立した百済寺と推定されている堂ケ芝《どうがしば》廃寺がある。このことから百済王氏の氏寺は僧寺と尼寺のセットであった可能性がある。百済では「法師寺と尼寺の間、鍾《かね》の声互に聞え、その間に難《かた》き事なし。半月々々《ごと》に日中の前に往還する処に作る」という伝承が『元興寺伽藍縁起并流記資財帳』▲にみえるが、百済系渡来氏族たちは、本国における僧寺と尼寺のありかたをモデルにしつつ、寺院を建立する場合があったと考えられる。

▼百済王氏　百済最後の国王義慈王の子余善光（禅広）を祖とする氏。善光は六三一年倭に人質として渡来し、六六〇年の百済滅亡、六六三年白村江の戦の後も残留した。もと余姓であったが、持統期に百済王姓を賜与された。八、九世紀前半の朝廷で重要な地位についた者も多かった。

▼『元興寺伽藍縁起并流記資財帳』　奈良元興寺の創建の由来と財産を記したもの。前身寺院である飛鳥寺の塔露盤銘、釈迦光背銘や豊浦寺系統の古縁起などを含み、天平十九（七四七）年に前年の僧綱牒を受けて作成された文書の形式を取っている。しかし現存最古の写本が醍醐寺本「諸寺縁起集」抄本であり、縁起の成立は九世紀に下るとする説がある。

尼寺廃寺北遺跡伽藍復元図

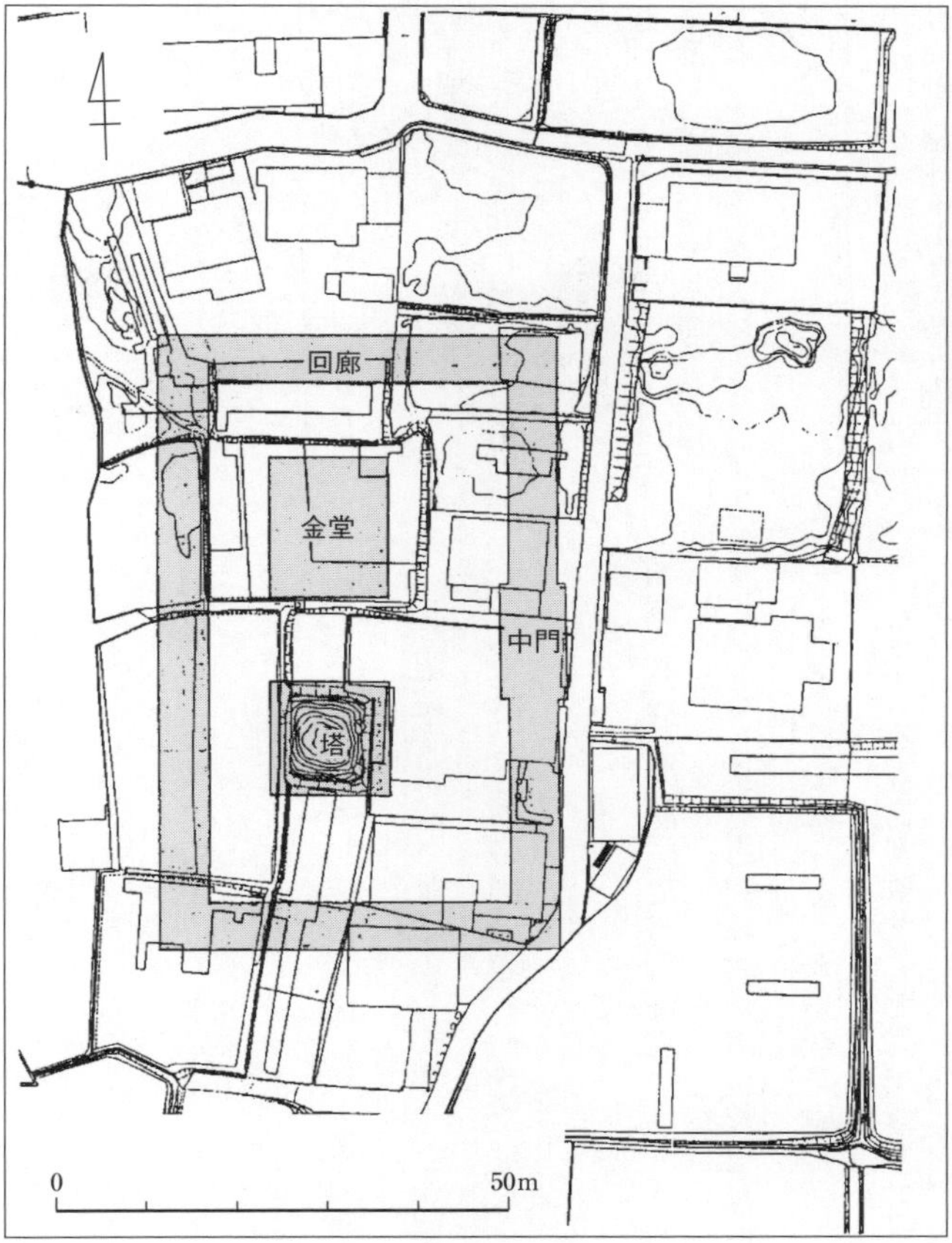

香芝市二上山博物館編『聖徳太子と古代の甍——尼寺廃寺跡と太子をしのぶ道』(香芝市教育委員会、一九九七年)より。なお二〇〇三年以降、北遺跡を僧寺、南遺跡を尼寺に比定する説が有力視されている。

尼寺廃寺北遺跡の塔基壇

そして七世紀後半の白鳳期は、畿内だけではなく地方豪族層による全国的な寺院造営が進んだ時期であったことが、考古学調査によって裏付けられている。多くの寺院跡の中には尼寺も少なくなかったと考えられる。文献史料にも九州の観世音寺▲とセットと考えられる筑紫尼寺、また天武期に建てられたとされる尾張国葉栗郡の尼寺などがみえる。

また僧寺と尼寺をセットで建立することは八世紀にも引き継がれた。たとえば後述する神亀元(七二四)年以降に行基《ぎょうき》集団▲が建立した道場は、僧院だけでなく尼院が併設される場合が多くなっていき、また聖武天皇と光明子によって建立された諸国の国分寺も僧寺だけでなく尼寺が設置された。

「家僧」としての僧尼たちの活躍

しかし日本古代における仏教受容の実態を考えるためには、寺院で活動する僧尼だけではなく、天皇や皇后の「宮」、または貴族の「家」に居住して活動した僧尼の存在を見逃すことはできない。天皇や貴族たちは政治的・宗教的な問題について諮問をしたり、子女に教育をさせ、また病気を治すための経典を講じ

▼**観世音寺**　福岡県太宰府市にある寺院。筑紫で没した斉明天皇を供養するため、子の天智天皇が発願し、造営は天平十八(七四六)年に完成。なお『続日本紀』に、大宝元(七〇一)年に施入した観世音寺と筑紫尼寺の寺封に関する太政官処分がみえる。

▼**行基集団**　民間布教僧の行基(六六八〜七四九)に従って、畿内各地で交通施設、灌漑施設、僧院・尼院、また布施屋などを建設し、貧窮者・病者などを救済する活動を行なった人々。弟子僧や従った人々は二千数百人以上とされる。

▼**維摩会**　「維摩経」を講説する法会。興福寺で毎年十月十日から鎌足忌日の十六日まで行なわれ、九世紀には宮中御斎会、薬師寺最

させるなど、さまざまな要求から、僧や尼たちを「家僧」として、「宮」や「家」に居住させていた。これは五・六世紀の中国の皇帝や貴族たちが、自らの宮廷や邸宅に高僧を招いて「家僧」としていたことが影響していたと考えられる。日本でも仏教受容の初期の頃から、百済・高句麗、さらに新羅・唐から渡来した外国人の僧や尼、また留学経験のある僧が「家僧」として活動していたと考えられる。興福寺の維摩会《ゆいまえ》▲は、藤原鎌足《かまたり》の病気平癒のために、百済尼が邸宅に招かれて、維摩経を講じたことが始まりとされているが、この尼も「家僧」のひとりといえよう。

　八世紀の皇族・貴族の「宮」や「家」にも、多くの僧尼が出入りしたり、居住していた。たとえば平城京左京三条二坊から出土した「長屋王《ながやおう》家木簡▲」は、長屋王とその家族の日常生活を知る貴重な史料であるが、これによってこの邸宅内で多くの僧尼が活動していたことがわかってきた。特に尼公《あまぎみ》▲を中心に多くの尼に米が支給されており、日常的にこの邸宅内で尼たちが活動していたらしい。また「正倉院文書」には「安宿《あすか》家（宅）」に複数の沙弥《しゃみ》▲や僧がおり、この沙弥たちのために、皇后宮職写経所で経典が写経されていた例もある。この安宿家は長屋王

勝会と並ぶ公的な法会とされた。起源は鎌足の病気平癒のために、百済の法明尼が山階の邸宅（のちの興福寺）で行なったものとされ、八世紀には藤原不比等邸や皇后宮でも行なわれていた。

▼**長屋王家木簡**　平城京左京三条二坊一・二・七・八坪の長屋王邸宅跡、東端の溝状土坑から昭和六十三（一九八八）年に出土した約三万五〇〇〇点の木簡。和銅年間を中心とした長屋王と吉備内親王などに係わる貴重な史料群。

▼**尼公**　日本独自の尼の尊称。八世紀では師主クラスの尼を指す場合が多い。なお中国では僧尼の尊称に大徳を使うが、日本では男性だけに使う。

▼**沙弥**　サンスクリットのシュラーマネーラに由来し、勤策の意。出家戒の十戒を受け得度した者。具足戒を受ける前の男性（一四歳以上二〇歳未満）で、女性の場合は沙弥尼といった。

の変の後も生き残った息子の安宿王の邸宅か、または聖武天皇の皇后であった光明子《こうみょうし》(安宿媛)ゆかりの邸宅と考えられる。また『万葉集』には大伴氏の邸宅に新羅から来た尼理願が二〇年以上同居していた例もみえる。

そして光明子の「宮」でも多くの尼たちが活動し、また宮廷の仏事にも重要な役割を担っていた。平城遷都後に僧寺は飛鳥から多く移転してきたが、豊浦寺《とゆらでら》、橘寺、坂田寺など主要な尼寺が飛鳥に留まったこともあり、これらの寺に所属していた尼は、平城京の内裏や皇后宮を拠点にして活動していた。坂田寺の信勝尼、橘寺の善心尼などがその代表的な尼公である。

宮廷で尼が僧と共に仏事などに奉仕していたことは、平城京の二条大路から出土したいわゆる「二条大路木簡」からもうかがえる。天平八(七三六)年頃、園池司が「内侍尼三十人」の供養料として七種類の蔬菜類を進上した木簡がみえる。また宮などの仏事担当組織の可能性がある大弁司・器司・堂司・飯司・海藻司に尼名と僧名を記した木簡もみえる。宮廷の官司組織、もしくは家の家政機関の下部組織に通じる編成をした僧尼の歴名《れきめい》木簡といえる。この編成は宮廷内で男性官人と女性宮人が性別によって仕事を分業したり、また共同で労働してい

●—二条大路木簡

・右内侍尼卅人供養料　天平八年八月廿日正八位上行令史置造「宜」

・園池司進　毛付瓜甘顆　羊蹄二斗　茶三斗五升　蓼四升
蔓菁十把　葵二斗　蘿蔔六把　合七種

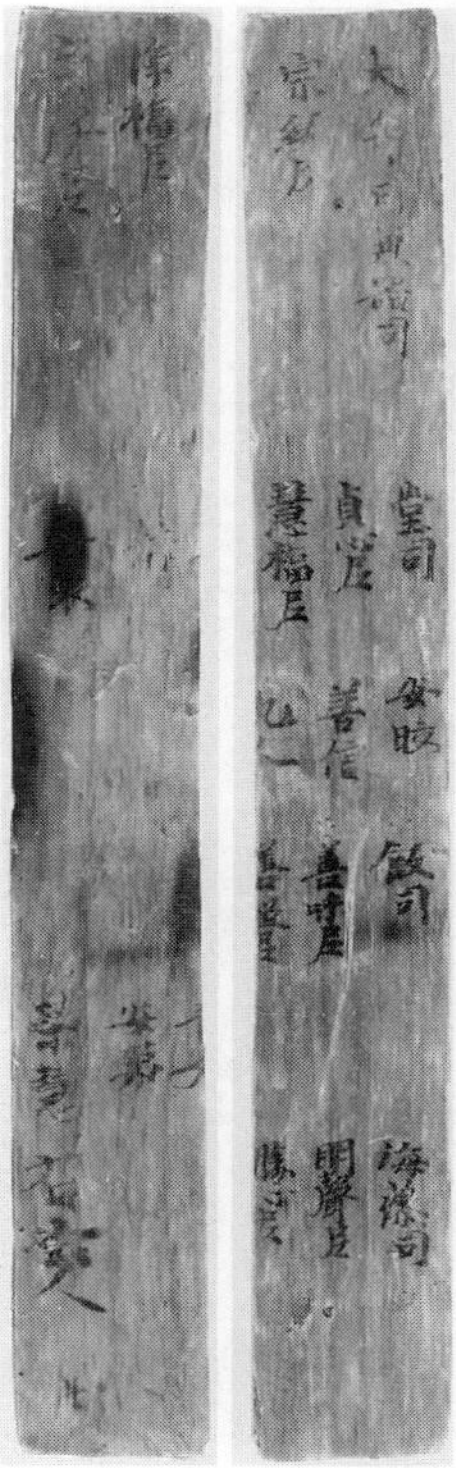

・大弁司兼器司　堂司　安皎　飯司　海藻司
宗縁尼　貞心尼　善信　善味尼　明聲尼
□□　慧福尼　□人　善照尼　勝心尼

・□□　□女　「□」
浄福尼　賛□　安弟
密聲尼　安表　栄慧　右六人

●—「読誦考試歴名」（正倉院文書）にみえる試験成績評価

金姓大富法花経一部　中
弓削伯祢月女法花経一部　中
布勢朝臣里世乃女法花経一部　音中　文中
飯盛少水法花経一部　中下
平群加[illegible]女法花経一部　中下
[illegible]法花経一部　上
[illegible]法花経一部　中
[illegible]法花経一部　六巻　中
物部連里[illegible]女法花経二巻　音中
衣縫君五月　唯識論一部
丹比真人氣都　讀毛詩上帙、論語十巻
誦毛詩三巻　孝経　[illegible]王集一巻
百法論
[illegible]最勝王経一部　音中

たことに似ていた。たとえば仏堂の管理を行なったと考えられる堂司に、尼名と僧名の両方が記されているが、これは女性によって構成されていた後宮十二司の▲殿司《とのもりのつかさ》の宮人が、男性の主殿寮《とのもりのつかさ》の官人と共同で労働することを前提としていたことに類似していた。このように宮廷内などで僧と尼は、俗人の男性官人と女性宮人との編成と同じように、共同で奉仕していたらしい。そしてこの編成を全体的に統括したと考えられる大弁司には尼名だけがみえ、尼がこの役割を行なっていたと考えられる。

仏事を執行する公的な役割を担う尼となるためには、僧尼が習得しなければならないとされた『最勝王経《さいしょうおうきょう》』『法華経《ほけきょう》』を始めとする経典や陀羅尼《だらに》▲を音読・訓読する能力、また声の良さや書道能力が求められた。出家前から師主の僧や尼の指導のもとで浄行を積み、習得した能力は試験によって評価されたが、「正倉院文書」には男性よりも高い評価を得た女性の例も多くみえる。

また女性宮人は尼と共に仏教施設の管理にあたる場合もあった。天平宝字六(七六二)年の頃に、後宮十二司の一つである書司《ふみのつかさ》の長官であった奈良女王が、仏教経典を取り扱ったと考えられる「内典司」を兼務した例がある。そして宮人

▼**後宮十二司**　後宮に所属した女性が勤務する司。内侍司・蔵司・書司・薬司・兵司・闈司・殿司・掃司・水司・膳司・酒司・縫司からなり、各司は尚・典・掌の三等、もしくは尚・典の二等の職事、その下に散事の女孺や采女が配された。

▼**陀羅尼**　サンスクリットのダーラニーの音写で、原義は総持、能持の意。仏前でとなえる呪文。

▼**橘三千代**　?〜七三三。八世紀の内命婦。もと県犬養氏。三野王に嫁して橘諸兄、牟漏女王などを生み、その後藤原不比等に再嫁して光明子を生み、後宮で活躍した。

から出家して尼となった者もいた。たとえば光明皇后の母であり、内命婦《ないみょうぶ》として活躍していた橘三千代《たちばなのみちよ》▲も、元明上皇の病気平癒のために出家入道している。また板野命婦《いたののみょうぶ》▲(粟直若子)や孝謙天皇の側近であった女孺《にょじゅ》の和気広虫《わけのひろむし》▲(法均尼)も宮人から出家している。

このように宮廷の尼が活躍していたことは、中国の尼の影響もあったと考えられる。たとえば永隆元(六八〇)年に、洛陽の龍門石窟「万仏洞」を造営した「内道場禅師」の智運▲が尼であったように、中国唯一の女性皇帝となった武則天《ぶそくてん》時代には、内道場禅師に僧だけでなく尼が多く登用されていた。そしてこの「万仏洞」には、仏名経《ぶつみょうきょう》による信仰に基づいた一万五千仏尊像が造られていた。日本の八世紀の宮廷仏教でも、光明子や孝謙・称徳天皇の側近として多くの尼が活躍し、また孝謙上皇の宮廷で、天平宝字八年に、仏名経などを読誦する十二月の内裏悔過《けか》▲仏事を、証演尼師などの尼が中心となって行なっていた記録も残っている。この仏事は平安時代に僧によって行なわれる仏名会に改変されているが、仏名会の前身的な仏事を八世紀には尼が行なっていたことは注目に値する。

▼**板野命婦**　生没年未詳。阿波国板野郡出身の宮人。粟(凡)直若子。もと采女で光明子や聖武天皇の母宮子の側近として活躍した。

▼**和気広虫**　七三〇〜七九九。備前国出身の宮人。和気清麻呂の姉。葛木戸主《へぬし》の妻。孝謙天皇の側近で、天皇出家に伴い法均尼となる。尼位を持ち、大尼となったが、道鏡の宇佐八幡神託事件で還俗、配流。光仁期に名誉回復し、典蔵・典侍を歴任した。

▼**智運**　生没年未詳。唐代の尼。武則天期の内道場禅師(内供奉禅師)。六八〇年、高宗や皇后のために龍門石窟万仏洞の一万五千仏尊像を造営。なお恵灯洞を造営した尼恵灯(和和)は智運の弟子。

▼**内裏悔過仏事**　内裏において行なう悔過仏事。悔過とは罪過を懺悔すること。仏名会は年末の十二月に三夜にわたり、一年間の懺悔滅罪のために、諸仏の名号を受持・読誦する法会。

大和法華寺の構造

「宮」や「家」の仏教施設は、「家僧」たちの活動の場であったが、本主の没後などに、「寺」に造り変えられていく場合も多くあった。古代で最も有名な尼寺である大和の法華寺《ほっけじ》も、実はこの「宮」から「寺」になったものであり、宮廷の性格を色濃く残した尼寺であった。

法華寺は、天平十七（七四五）年に光明子が、「旧皇后宮」を「宮寺」という名称の尼寺にしたことが始まりで、それまで宮廷で活動していた尼たちの新しい活動の拠点となっていった。皇后宮から「宮寺」になった寺は、さらに天平十九年以降、「法華寺」へと名称を変更した。本来の大和国分尼寺は野田法花寺《のだほっけじ》跡にあったとされ、この国分尼寺の機能をこの「宮寺」に移したものと考えられる。これにより法華寺は、金光明寺▲とセットになった公的な寺としての性格が強くなったが、しかしこの頃も本質的には、宮廷の尼の存在を前提とした宮寺を原型としたままだった。なお法華寺の正式名称の「法華滅罪《めつざい》之寺」は女性の罪を滅する意味ではなく、広く人間の「生死罪」を滅するもので、中国洛陽の尼寺である安国寺の勅置法華道場で、慧持・慧忍の尼姉妹が八世紀前半に行なっていた、

▼**金光明寺**　国分寺の僧寺の名称。金光明最勝王経に由来し、正式には金光明四天王護国之寺という。

法華三昧《ほっけざんまい》▲の影響を受けた命名と考えられる。

法華寺には、多くの写経に関与した善光尼など、有能な尼が多くいた。そして寺の管理組織である三綱《さんごう》▲は、尼によって編成されていた。しかしそのうえに大鎮《だいちん》・小鎮が存在した時があり、この役職にはたとえば慶俊や浄三など男性の僧が任命されていた。このように法華寺は、尼組織だけでなく僧組織によっても支えられていた。特に教学的な指導から、華厳講師の僧が、「宮」空間の中にあった外島院《そとしまいん》という院に居住していたこともあった。

一方で、法華寺の事務を担当した法華寺政所は、皇后宮の家政機関である皇后宮職の俗人男性官人によって担われ、三綱成立以降も併存して実質的な経営を支えていた。すなわちこの尼寺は、皇后宮という「宮」の機能を抜きにしては考えられない存在であり、皇后宮の中に併存する仏教施設という性格に変化はなかった。

内裏や宮内の仏教施設において、「家僧」の尼公が仏事を行ない、それを「家僧」の僧が指導し法会に協力し、そのもとに尼公に従う沙弥尼、僧の従僧・沙弥がおり、それを官人と宮人や奴婢《ぬひ》たちが日常的に支えていた関係を、法華寺

▼**法華三昧**　天台宗において、法華経の神髄を体得し懺悔滅罪するために、半行半坐して一心不乱に行なう行法。中国の慧思禅師が大悟したとされ、さらに天台智顗が発展させ四種三昧の一つとして重視された。

▼**三綱**　寺院の管理運営を行なう、上座・寺主・都維那の三役。各寺院に置かれた。寺院内の施設、資財の管理、僧尼の教導・監督、仏事の勤修にあたった。

は基本的には継承していた。すなわち、尼・宮人の法華寺と僧・官人の法華寺という女性と男性によって支えられた二つの顔が存在していた。

法華寺の伽藍空間も、当初は邸宅を一部寺院化した程度の仏教施設で、まさに「宮寺」としての法華寺というべきものであり、この他に島院という写経所や経堂的な施設が併存していた。また法華寺の他に、光明子の宮内には紫微中台《しびちゅうだい》画像堂▲や十一面悔過所《けかしょ》▲などがあった。

このように初期の法華寺は、光明子を本主とした皇后宮の中の尼寺であった。しかし聖武天皇が没し、また自らの晩年を意識した光明子は、皇后宮に付属する「宮寺」としての要素を併存していた法華寺を、名実共に総国分尼寺としての公的な「官寺」に相応《ふさわ》しい、本格的な伽藍をもつ寺として整備するために、大規模な造営に踏み切っていった。この時期は造法華寺司という本格的な造営を行なう官司の存在が、天平宝字二(七五八)年六月から史料にみえ始める時期とも一致し、天平宝字三年十一月に「国分二寺図」を天下諸国に頒布したが、これはこの法華寺の伽藍整備をモデルとさせるためであったと考えられる。

中世に金堂の三尊御座下から出土したという金版は、現物は現在所在不明と

▼**紫微中台画像堂**　光明子の皇后宮職は、孝謙即位後に紫微中台となったが、この施設にあった画像堂。天平勝宝三(七五一)年の「正倉院文書」にみえる。仏画によって荘厳された仏堂と考えられる。

▼**十一面悔過所**　十一面観音による悔過(罪過を懺悔して滅罪する)を行なう施設。天平勝宝五(七五三)年には紫微中台にも置かれていたことが、「正倉院文書」からわかる。

なっているが、記録された金版銘に天平宝字三年十二月の光明子願文《がんもん》がみえる。このことは、この時期に光明子が新たに金堂を整備した可能性が高いといえよう。またこの時期に西南隅の島院(西院)も整備の対象となっており、「正倉院文書」に詳細な造営関係の史料が残っている。そして光明子没後は追善の場として阿弥陀浄土院となっていったと考えられる。

このようにして、法華寺は光明子の宮の仏教施設から、本格的な尼寺へと整備されたが、その後娘の孝謙上皇が天平宝字六年に尼となって入寺し、さらに天平神護元(七六五)年には尼天皇となっている。その点で、その後も宮廷と密接な寺としての性格は継続したと考えられる。

尼天皇時代の仏教女性観

孝謙天皇の父聖武天皇は、自ら「三宝《さんぼう》の奴《やっこ》」と称し、さらに出家して「太上天皇沙弥勝満」となったように、深く仏教に帰依した。また母光明子も前述したように仏教を保護し、国分寺・国分尼寺の建立にも大きな影響力をもっていたとされている。孝謙天皇は若い頃から両親の影響のもとで仏教に親しみ、『最勝王経』を座右の経典とし、異例の女性皇太子を経て天皇となった後、一度は譲位したが、法華寺で出家し尼法基▲となり、さらに再度即位して称徳天皇となった。また『法華経』に基づく讃仏詩を読んだり、多くの経典を教義を踏まえて書写させていた。称徳天皇の時には、さらに『最勝王経』にみえる「法王」や聖徳太子信仰に基づいて、道鏡《どうきょう》を「法王」の地位に就かせており、彼女の政治思想に経典の内容が深く影響を与えるまでに至っていた。

　孝謙・称徳天皇は、光明子や自分のために、王権護持の経典として『宝星陀《ほうしょうだ》羅尼《らに》経』を『最勝王経』とセットで特別に写経させたことがあった。この経典には菩薩が女性の身に変じて衆生を救済する「方便《ほうべん》の女身▲」を説くと共に、また女性を男身に変身させることができる「変成男子」の陀羅尼が含まれていた。おそらくこの経典は、称徳天皇が本来の女身を超越し、男性の僧と同等の「出家者」の天皇であることを正当化するうえで、重要な役割をもったものであったと考えられる。

　また孝謙・称徳天皇は、前述したように光明子の影響もあり、特に中国唯一の女性皇帝となった武則天時代の唐の宮廷仏教から多くの影響を受けていた。

▼尼法基　孝謙太上天皇の出家法名。孝謙は天平宝字六（七六二）年の近江保良宮滞在中に淳仁天皇と不和となり、大和に戻り法華寺で出家した。藤原仲麻呂の乱後には、尼のまま称徳天皇として再度即位した。

▼方便の女身　仏典の中には、衆生を救済するために、方便として菩薩が仮に女性の姿に変身して衆生の前に現われ、衆生を導くことがあると説いているものがある。武則天は、これをさらに彼女が菩薩の化身であるという積極的な論理に発展させて利用した。

武則天は女性ながら皇帝となるために、弥勒菩薩《みろくぼさつ》が方便として女身に転じて衆生を教化するという信仰を利用したことは有名である。そしてこの信仰は、たとえば中宗の後宮で説法した法澄尼を菩薩が女身に化したことになぞらえて称賛した例があるように、武則天時代の後も唐の宮廷で流布していた。一方、日本でも『元興寺縁起幷流記資財帳』に、王の後宮において菩薩は女身に変じて経を説いたとする『法華経』妙音菩薩品の趣意文を引用した例があり、このことから奈良時代の宮廷で後宮女性を菩薩の化身とみなす積極的な女性観が存在した可能性を指摘する説もある。

そして、おそらく八世紀までの日本古代の女性たちは、『法華経』などにみえる差別的な女性観である「変成男子」説を、それほど深刻に受け止めていなかったと考えられる。その理由として、八世紀に中国や日本で、「五障」や「変成男子」による龍女成仏《りゅうにょじょうぶつ》▲を説く『法華経』提婆達多品《だいばだったほん》そのものが、教学的に重視されていなかったことがあげられる。そして法華滅罪之寺という尼寺の命名も、前述したように提婆達多品に基づいた女性の滅罪を前提としたものではなく、『法華経』によって「生死罪」を滅するという「法華三昧」の知識によった可能性が

▼**龍女成仏**　『法華経』提婆達多品にみえる女人成仏の説話。娑竭羅龍王の娘である八歳の龍女は、女性は五障・女身垢穢のため成仏できないとする舎利弗らの目の前で、宝珠を釈尊に献じ、身体を男性に転じる「変成男子」をして、成仏した姿を示したとされる。

●──『平家納経』提婆達多品の見返しに描かれた龍女成仏

強い。このため社会全体の流れの中では、「変成男子」説が多くの人々に知られ出すのは、「五障」の語が女性の逆修《ぎやくしゆ》願文にみえ、また追善供養《ついぜんくよう》の経典に『転女成仏経』を加えることが多くなる九世紀後半からと考えられる。

ただし八世紀でも、『無垢賢女経』『腹中女聴経』『転女身経』など「変成男子」説に深く関連した経典が、安定尼の宣によって恭仁《くに》宮へ一括して奉請された例があり、また『法華経』研究を行なった東大寺の学僧明一などが関心をもっていた例もある。前述した称徳天皇が『宝星陀羅尼経』を写経させたことも含めて、仏教に「五障」や「変成男子」説が存在することは、極めて特殊で少数ではあるが、八世紀の僧尼や宮廷女性に知られていた。しかしこれは、称徳天皇のように肯定的に「方便の女身」や「変成男子」をとらえるものであったと考えられる。

ただしこのような理解は、社会全体の中では極めて特殊なものであったことも確かであり、称徳天皇の死後、宮廷の尼や女性たちの仏教活動の役割が急速に衰え、僧たちの教学が中心となっていく中で断絶してしまった。そして九世紀以降に、女人禁制の山で修行した僧たちが説いた、女身を穢《けが》れた存在とする否定的な「変成男子」説が次第に浸透していった。

官尼の衰退

今まで述べてきたように、八世紀の尼は僧と共に仏教受容において重要な役割を果していたが、八世紀末から九世紀以降になると、次第に尼の公的な役割は低下していった。

その原因の一つは、女性天皇時代の終焉である。光仁天皇や桓武天皇は、称徳天皇と道鏡の時代の政策を次々に払拭《ふっしょく》していき、また桓武天皇は、八世紀の時代には独自の基盤をもっていた皇后の地位を制限し、宮廷における女性の役割を縮小させ、仏教制度でも男性の僧を主とする政策を推し進めていった。特に九世紀以降には、天台宗や真言宗など僧中心の宗派が成立し、各宗派の教学や儀礼を専門的に修行する僧を年毎に出家させる「年分度者《ねんぶんどしゃ》」▲の制度が強化された。その中で官尼の役割は低下の一途をたどった。

これにより、日本に仏教が受容された当初はあまり問題にならなかった、僧尼の不平等な関係も明らかになっていくことになった。そもそもインドの原始仏教成立の時、釈迦の叔母で養母でもあった憍曇弥《きょうどんみ》(ゴータミー)が尼となることを願った折に、釈迦が男性による僧団を基本としていたため、難色を示した

▼**年分度者**　毎年一定人数だけ許可した得度者。持統十(六九六)年が初見。八世紀は一〇人。延暦二十二(八〇三)年に法相・三論の各宗五人、大同元(八〇六)年からは南都六宗と天台宗、各一二人の宗分年分度者制となった。なおこの他に、天皇や貴族の病気平癒などの理由で、多い時は一〇〇〇人以上を得度させる臨時度者があった。

が、十大弟子の阿難《あなん》(アーナンダ)の口利きで、かろうじて教団の構成員に加えられたとされている。このため尼は僧より低い地位に置かれ、僧の戒律に対して尼は倍近い戒律を課せられた。また僧と尼では僧は比丘・沙弥、尼は比丘尼・式叉摩那《しきしゃまな》・沙弥尼と修行階梯に差があり、そして入門したばかりの僧であっても尼は従属すべきものとされていた。

東アジアにおいても、僧と尼は本質的には対等とはいえなかったが、しかし前述したように、尼を僧と並んで仏教教団を構成する必要不可欠な存在とし、僧と尼を基本とした教団が発達し、社会的地位の高い尼も存在した。中国では男性だけでなく女性も「大徳」「法師」「禅師」と称されていた。ただし日本ではこれらは基本的に男性を示し、原則として尼には用いられなかった。

八世紀初頭に制定された大宝令では、国家に奉仕する官の僧尼のあるべき姿を「僧尼令」という法律に定めたが、ほとんどの条文が僧尼を対象とし、特に尼だけを差別したものはなく、これが八世紀の官尼の活発な活動を法的に保障していた。ただしこれはもとになった中国の「道僧格」からの影響であり、性の違う出家者の存在を対等に認めたというよりは、僧を中心とした条文を形式的に僧尼を対象とさせているにすぎないことも確かであった。これは男性官人が主導的地位を握る律令官人制を前提として、官僧尼の制度が構想されていたことによる。

そしてなによりも、僧尼を全体的に統轄する機関である「僧綱《そうごう》」は、男性のみで構成された。尼による尼の統制機関は、前述したように中国南朝の宋や新羅に一時的に存在していた。しかし日本には、中国でもこの制度が実質的には衰退し、名誉的な称号だけとなっていた時期の尼制度が影響を与えたためか、取り入れられなかった。ただし中国にない制度として、八世紀後半、尼だけを対象とした「大尼《だいに》」や「尼位《にい》」が創設されたことがあった。「大尼」は、宮廷などで活動した主要な尼たちに与えられた称号と考えられ、「僧綱」と併記して共に優遇した史料もある。また「尼位」の実例として、法均尼▲に与えられた「進守大夫《しんしゅたいふ》尼位」がある。しかしこの「大尼」や「尼位」も、称徳天皇の死去と道鏡の失脚以後に消滅してしまった。

その前からも、公的な法会への尼の参加が次第に減少していき、また尼の公式の出家も減少し、受戒制度も僧に比べて不備なまま簡略化されていった。た

▼**法均尼**　和気広虫(一七ページ頭注)に同じ。

とえば天平勝宝六(七五四)年に、正式の尼戒律を授けるための比丘尼として、藤州通善寺尼智首ら三人の唐尼たちが鑑真《がんじん》に同行して来日したが、三師七証に必要な人数である一〇人には足りず、彼女らの来日後の活動を伝える記録もない。そしてこれを最後に、日本の尼と朝鮮半島や唐から来た尼たちとの直接的な交流の記録は途絶えていった。このことは、それまで東アジアの尼文化の一翼を担う存在であった日本の尼たちが、大陸の尼たちとの交流を通じて、地位の向上や尼文化を活性化させることが困難な状況となったといえる。

僧寺と尼寺の格差と古代尼寺の衰退

官尼の活動の場だった尼寺も、僧寺に比べると寺域・伽藍構造、人員、財政規模の差別・区別があり、時代が進むにつれ格差が広がっていった。

たとえば国分寺、国分尼寺の考古学調査によれば、僧寺と尼寺の寺域や伽藍構造に差があり、特に護国祈願の重要経典である『金光明最勝王経』を安置する七重塔は、僧寺にだけ建てられていたことが明らかにされている。ただしたとえば信濃国の例をみると、尼寺の規模は僧寺に比べれば確かに小さいが、金堂の大きさはほぼ見劣りしない形のものが残っている。また尼寺には鐘楼《しょうろう》が備わっている例も多く、僧寺だけで国分寺が成り立っていたわけではなく、格差がありながらも一緒に並立することの意味は大きかったと考えられる。

人員数については、天平十三(七四一)年に建立の詔が出された時点では基本的に僧寺は二〇人、尼寺は一〇人を原則とし、二対一の割合で配置した。また財政規模は、当初は僧寺・尼寺共に水田各一〇町ずつ、稲各二万束ずつと等分の形に設定されていたが、天平十九年には水田は僧寺が一〇〇町、尼寺が五〇町という形で、二対一の割合に変更になっている。天平勝宝元(七四九)年には墾田《こんでん》の規模が東大寺は四〇〇〇町、大和法華寺は一〇〇〇町と四対一、諸国の金光明寺は一〇〇〇町、諸国の法華寺は四〇〇町と一〇対四となり、経営規模については、僧寺と尼寺は必ずしも対等ではなくなっていったことがわかる。

しかし称徳天皇期の天平神護二(七六六)年頃の諸国国分尼寺には、先度尼一〇人と後度尼▲一〇人合わせて二〇人の尼がいたこともある。増員時期は不明であるが、天平宝字六(七六二)年の光明子一周忌法会頃の可能性もある。先度・後度共に布施や供養は同様にされていたが、ただし尼が死去した場合、先度尼

▼**先度尼・後度尼**　先に得度させた尼と後で得度させた尼の意。国分尼寺の尼の定員は一〇人であり、先度尼は正規定員の尼をさすか。

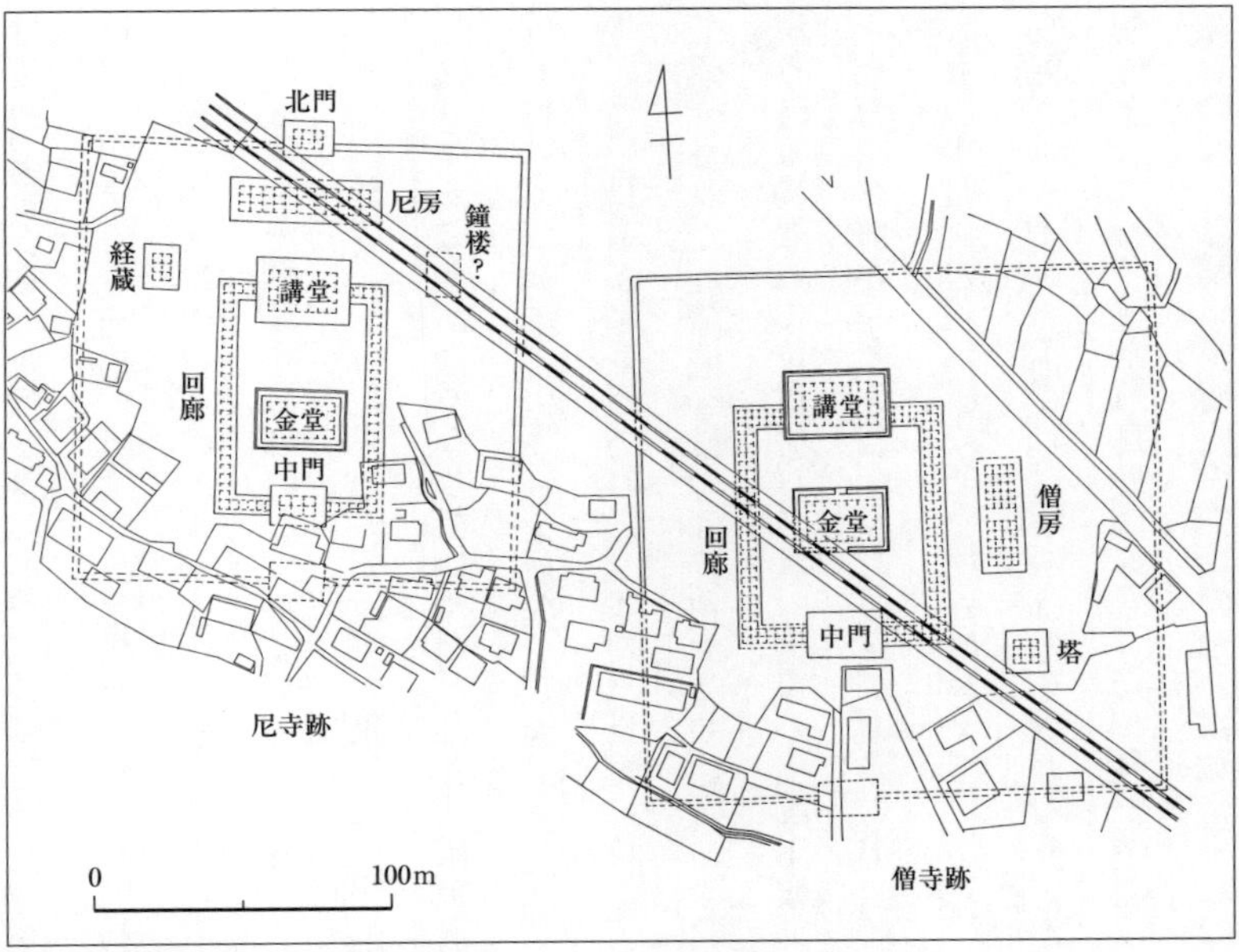

●—信濃国分寺・国分尼寺跡
『信濃国分寺跡』(上田市立信濃国分寺資料館、1982年)より。

は正規定員のためか補充されたが、後度尼は臨時増員だったためか補充されなかった。そして延暦二(七八三)年四月二十八日官符で、国分寺の僧が亡くなった場合の補充についての改正が行なわれた時も、尼の場合は旧例によるとあり、一〇人体制を継続する形になったと考えられる。

また国分寺・国分尼寺以外では、九世紀には公的な僧寺と尼寺をセットとして建立することがなくなっていった。たとえば桓武天皇の時代に造営された平安京にも、官寺が左右京にそれぞれ一寺ずつセットで建立されたが、この東寺・西寺は共に僧寺とされた。また八世紀に称徳天皇によって西大寺とセットで建立された西隆尼寺は、九世紀末の元慶四(八八〇)年には西大寺の僧の衣を洗う洗濯場として位置づけられ、僧寺の支配下に従属していった。

その後も僧寺の末寺となった尼寺が増え、中には尼寺から僧寺に変えられた寺も出現し、古代に成立した尼寺は衰えていった。たとえば山城国宇治郡の東安尼寺は、十世紀前半には醍醐《だいご》寺の末寺となり、かつ醍醐寺上座を執当とする僧寺となった。また飛鳥の橘寺も、十一世紀中頃以前には僧寺となっており、鎌倉時代には関東祈禱所の僧寺の一つに数えられていた。

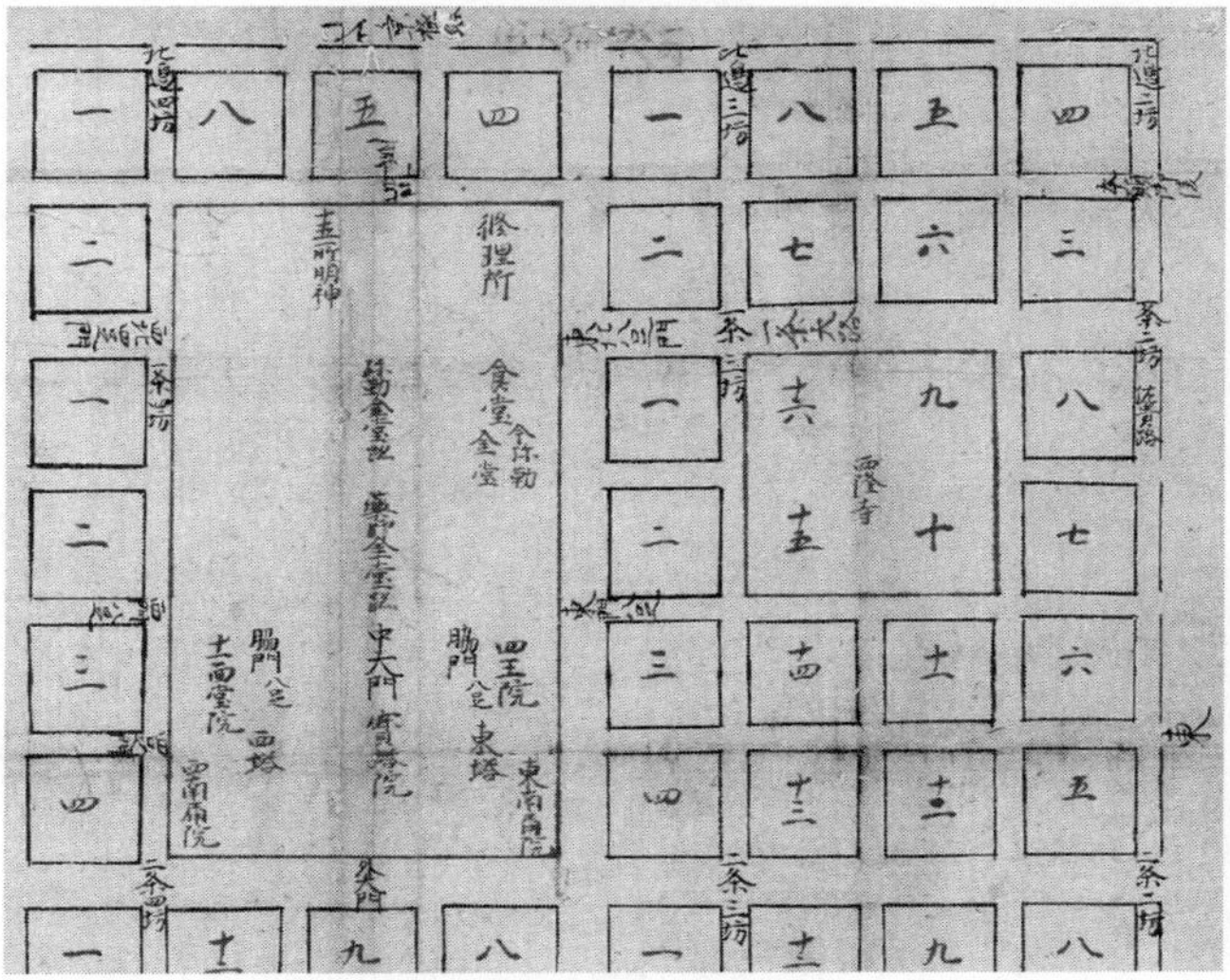

●―「大和国西大寺往古敷地図」

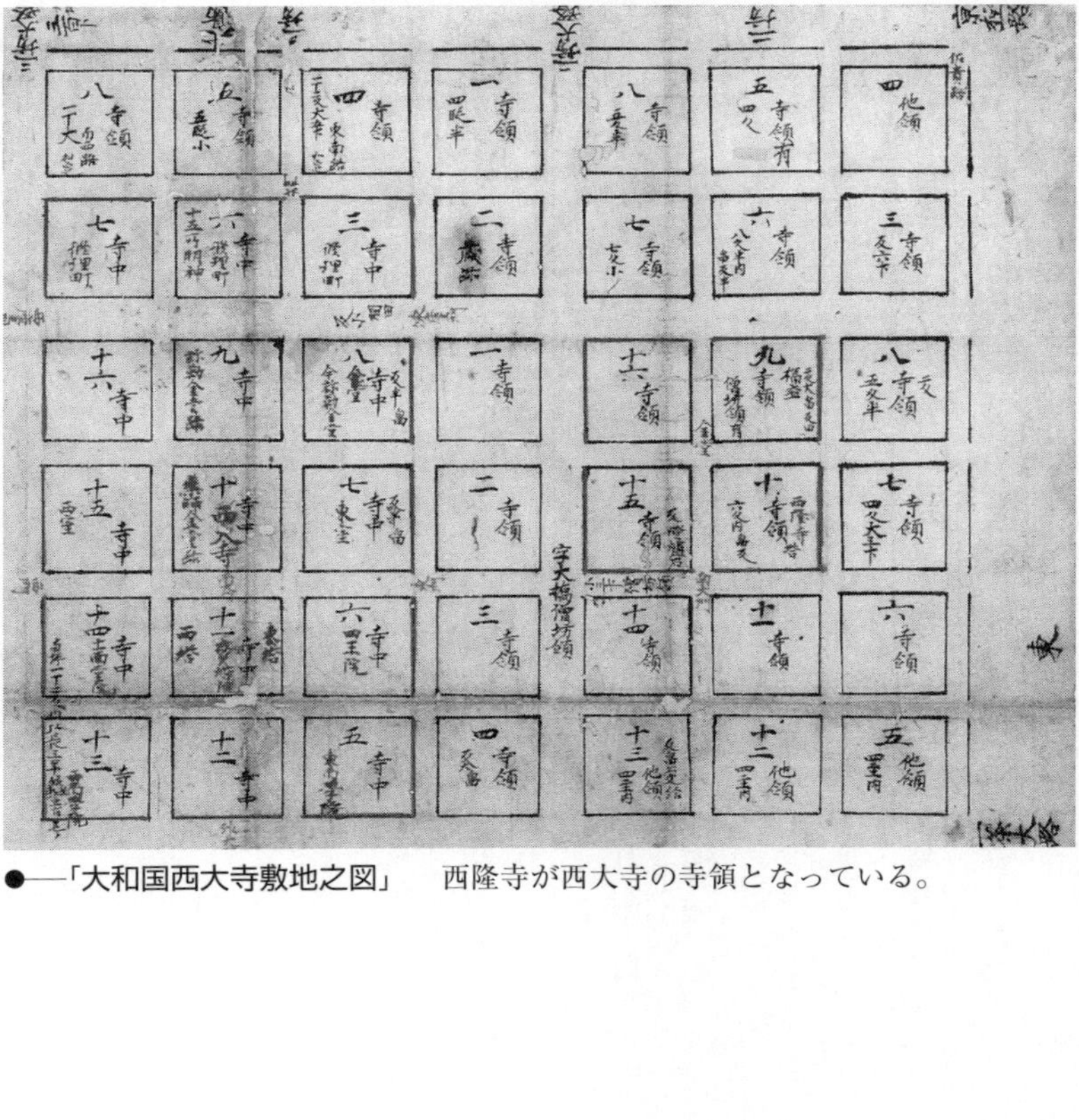

●―「大和国西大寺敷地之図」　西隆寺が西大寺の寺領となっている。

②—女性の信心・男性の信心

行基集団と女性

称徳天皇の時代が終わると、前述したように官尼による活動が衰退していった。しかしこのことは、尼として活動する女性が減少したことを意味するものではなかった。そして仏教の受容の観点からいえば、むしろ尼姿をした女性たちの役割は増していったといわざるをえない。次に多くの女性たちが積極的に仏教を受容しようとした動きに注目しておきたい。

その萌芽は八世紀からみえ、たとえば養老六(七二二)年七月に出された太政官奏には、平城京に在住する僧尼たちに従って信心する女性たちが増加していたことが記されている。これによれば僧尼が戒律を守らず、仏の教えについて浅識で軽々しい理解しかしていないにもかかわらず、巧みに罪福の因果を説き、都の中の庶民に対する布教活動をし、遂には、「人の妻子」に頭髪を剃らせて出家させたり、また皮膚を剥がしてそれに写経をさせるという、過激な修行をさせていたという。そして女性や子供たちは、家を出て僧尼に従って修行するために、親や夫を顧みないという者が多くなっていた。このため太政官は、路かどにおいて経を唱え、そして托鉢《たくはつ》を行ない、あるいは京や農村において身を害し指を焼く修行をし、集団で常に聚宿する宗教活動は、初めは仏道修行に似ていても、最終的には奸乱を伴う弊害が生じているとして、僧尼やこれに参加した人々の処罰を命じている。

いずれにしても、布教対象となった人々、特に女性や子供が勝手に出家して、家族を顧みない状況が増加し、社会問題化していたといえる。男性は課役《かえき》からのがれるために出家する場合があったが、本来課役を取り立てられる立場ではない、妻や子供にまで出家が及んでいったことを、太政官では当時の家族秩序の崩壊、さらには社会秩序の崩壊を具体的に示すものとして受け止めたといえる。これは親に孝養し、夫に従うべきであるという家族道徳にそむくことになる。そしてまた男女が集団として合宿することは、この集団が道徳的に危険視されることになった。特に僧尼令第一一条では僧尼の房へ異性が同宿することを禁止し、同第一二条で特別な理由がない限り僧寺に尼が、尼寺に僧が入ることを禁止していた。このように国家は僧尼や男女が宗教活動で混在することを、

▼托鉢　僧尼が食物を乞うために鉢を携えて歩くこと。乞食・行乞ともいう。僧尼令で乞食は三綱を通じて国・郡司の許可を受け、午前中に行なう以外は禁止されていた。

戒律的立場からも危険なものとしてとらえていた。

なおこの養老六年官奏には、直接的に行基の名はみえないが、養老元年に国家から糾弾されていた行基集団も処罰の対象になった可能性が高い。行基集団は養老六年頃は右京三条三坊の菅原寺に拠点を置いていたが、その二年後の神亀元(七二四)年以降になると、畿内の各地で土木灌漑事業を行ないながら布教活動するようになっていった。その拠点には僧院だけでなく尼院を併設させており、多くの女性たちが参加していた。『日本霊異記《りょういき》』に多く残る行基説話には、飛鳥京、平城京、和泉国和泉郡、山背国紀伊郡、河内国若江郡などの女性が登場するが、行基集団に参加した女性たちの出身地域は、政治・文化の先進地域の京畿内であり、階層は豪族・有力農民層・班田農民層・都市住民・官人層出身で、男性と大差はなかった。

ただしこの地域の女性たちは、律令制度の導入による女性の社会的地位の変化を、いち早く受けていたと考えられる。たとえば儒教的な家族道徳を推奨され、また男性を中心とした調庸などの税制は、女性が繊維製品を作成する場合があったが、建前としては男性だけに賦課され、女性の労働として評価されな

▼菅原寺　喜光寺ともいい、平城京右京三条三坊(現奈良市菅原町)に所在。行基が養老五(七二一)年に寺史乙丸の居宅寄進をうけて、翌年に建立した。行基の平城京の活動拠点で、行基はこの寺で入滅した。

▼行基説話　『日本霊異記』中巻の二・八・一二・二九・三〇縁にみえる行基関係の説話。行基の弟子の血沼県主倭麻呂と妻、行基関連寺院の一つである富尼寺の上座尼法邇の娘置染臣鯛女、行基が山背国紀伊郡の深長寺に居た時に教えを請うた女性、飛鳥寺の法会に参加した女性、難波江船津造営時の法会に参加した河内国若江郡川派里の女性と行基との話になっている。

麻黒女

●──女性名「麻黒女」が刻まれた山崎院（行基集団の道場）関連の文字瓦　山城国府跡出土。

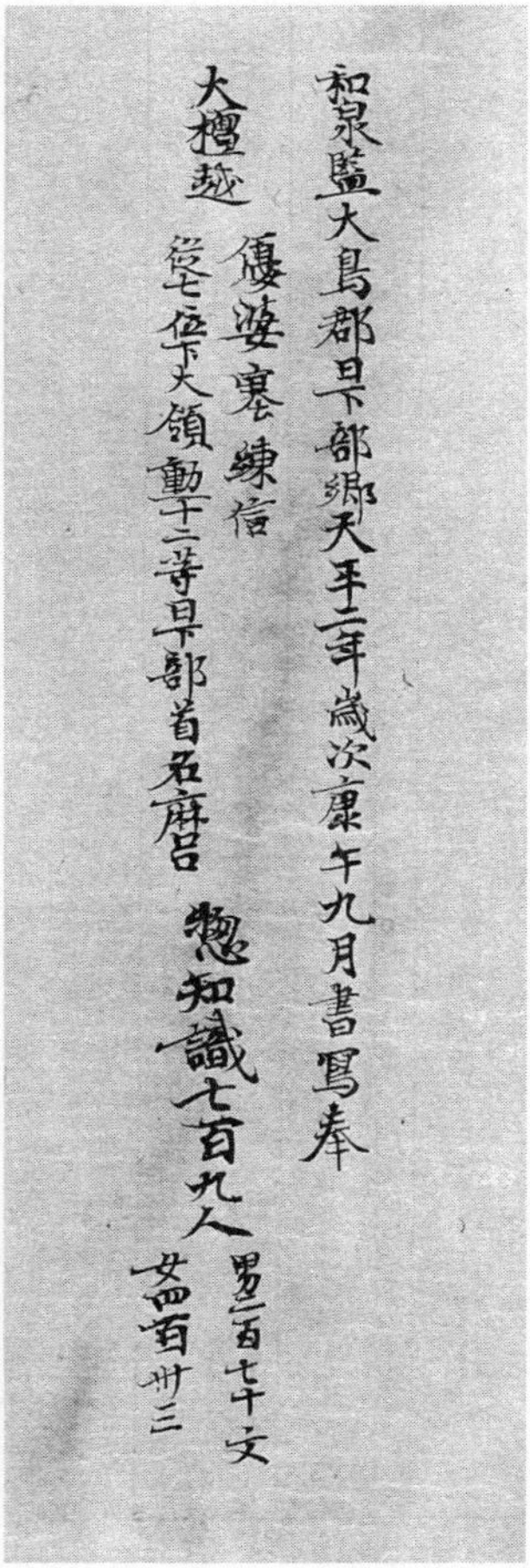
和泉監大鳥郡日下部郷天平二年歳次庚午九月書写奉
大檀越　優婆塞練信
従七位下大領勲十二等日下部首名麻呂
惣知識七百九人　男二百七十六
女四百卅三

●──『瑜伽師地論』巻26　行基の出身地、和泉監大鳥郡の人々による天平２(730)年の写経。写経に協力した郡司の日下部首名麻呂をはじめとする709人のうち、約６割の433人は女性である。

くなっていった。特に従来の共同体から離れた、都市的な場に居住した平城京の女性たちは、行基のようなカリスマ的存在に対して帰依《きえ》し、個人的な救済を求める動きが出て来たと考えられる。

平安期女性の仏道修行と家事

前述したように九世紀以降になると、男性の官僧だけが国家的な仏教を担う体制に変化し、官尼としての活動は衰退した。しかし一方で、密教や浄土信仰などが社会に浸透していくと、男性、女性を問わず現世の生活を安穏に暮らし、極楽浄土への往生を願うために、ライフサイクルの中に仏道修行や出家が組み込まれるようになっていった。そして女性たちの私的な出家は、この頃にはさらに増加し、女性が尼姿で活動することは活発になっていった。

当時の農民層の妻は、養蚕して布を織り、裁縫や染色をし、食事や衣服を管理し、さらに農業経営にも従事しなければならなかった。また官人層の妻でも、食事の世話や紡績・裁縫の全工程をこなし、さらに十分な才覚をもって商売し、家を治め、そして夫が出仕するために季節ごとの装束・武具・従者・眷属《けんぞく》に心

●──『融通念仏縁起絵巻』　一人の念仏が他の一切の人の念仏と融通することを説いた良忍(一〇七二〜一一三二)の勧進に応じ、念仏を百反、千反唱えて、名帳に結縁した人々。多くの女性たちも帰依した。

▼『日本往生極楽記』　平安中期の往生伝。一巻。慶滋保胤撰。僧尼男女四五人の往生のありさまを記す。永観元(九八三)年から寛和二(九八六)年までに成立し、永延年間(九八七〜九八八)に聖徳太子伝などが追補された。

配りすることが求められた。このため多くの妻たちは、念仏を唱え読経する、厳しい仏道修行をするためには、夫の面倒をみて、子供を育て、またさまざまな家事をこなす多忙な世俗生活と、それなりに折り合いをつけながら行なわねばならなかった。

十世紀末の『日本往生極楽記』▲には、伊勢国飯高郡の老婦は、仏事を専ら修することと、世俗の事を営むことを月の一五日ずつに分けて交替に行ない、はれて往生したという話がみえる。しかし『法華験記』には、家事の合間に修行せよという夫の言葉に対して、夫も子供も自分の往生を助けてはくれないと、一切の家事は他人を雇って代りに行なわせ、本人は自分の書写した『法華経』を読誦する仏道修行に専念し、六万余字からなる『法華経』の文字数の光に導かれて往生した「奈良京」の女性の話がみえる。この頃は往生をするための修行は壮絶な覚悟と努力が必要とされ、片手間ではできないものと考えられていた。

そして女性たちは出家すれば、家事など世俗の活動から全て手を引くことが多かった。『更級日記』の作者である菅原孝標《たかすえ》女の実母は、夫が生存しているまで尼になり、同じ家の敷地内に別々に住んでいた。このため菅原孝標女は自分が母の代りに家政を担当するようになったと記している。

出家女性の生活

女性たちの出家の原因やきっかけは、老・病・死に際して、現世や来世での救済を願う、老年出家、病気出家、臨終出家が多かった。これは世俗で活動していた男性が人生の節目に発心して出家する場合と共通するものでもあった。なお男性は国家的な仏教を担うことを目的に、若い頃から出家する場合が多かった。しかし女性が専門的な出家者となるために、幼年から出家する例は、後述するように中世後期には増加するが、古代の場合は例外的で、その場合は病気や臨終によるものが多かった。

尼には、尼寺に居住する尼、僧寺の近辺に居住する尼、家に居住する尼、遍歴する尼、乞食する尼など、さまざまな尼がいた。しかし前述したように、この時期は尼寺の多くが衰退しており、尼寺で居住するよりは、堂や寺辺、また家を拠点に活動する例が多かった。

たとえば藤原実資の姉▲は、少なくとも四〇歳には「尼君」と呼ばれており、居

▼**藤原実資の姉**　九五〇〜一〇一八。父は斉敏、母は藤原伊文女。摂関期の公卿で『小右記』の記者藤原実資の同腹姉。弟と共に祖父実頼の養子となった。

所の室町殿で両親の菩提供養法会を行なったり、銀の阿弥陀仏と脇侍像を鋳造させ、『法華経』を書写供養するなどをしていた。さらに五六歳頃には実資の小野宮の西殿に移り、写経して余生を過ごし、六九歳の時に実資の養子資平宅で死去している。老年期の生活を「家」に居住する尼として過ごした例といえる。

また『栄花物語』には藤原道長の建立した法成寺《ほうじょうじ》▲に参詣する四、五人の尼たちのグループがみえる。彼女らはもと宮廷や道長家に出仕した女房経験者であったらしく、京内の自宅から、または仲間の尼の家に泊まったりしながら常に法成寺に参詣し、感想を和歌に詠み、偈《げ》▲を称え、時には法成寺を訪れた里人に境内を案内し解説していた。このように老年になり、自由な宗教活動に専心できる境遇にあった尼たちが寺辺に集い、これを縁に形成した参詣グループが存在していた。

しかし経済的に余裕のある老年ではなく、また頼るべき身寄りのない女性たちも、寺や山の周辺に居住していた。僧や寺の檀越《だんおつ》▲から保護を受けたり、寺辺・山麓で僧たちの雑用を手伝って生活を支えたり、または乞食して生活する尼姿の女性たちも存在した。

▼**法成寺**　藤原道長が建立した寺。寛仁四(一〇二〇)年に阿弥陀堂(中河御堂)を建立し、無量寿院と称したが、その後も十斎堂・講堂などを増築し、治安二(一〇二二)年に法成寺と改名した。さらに金堂・五大堂・薬師堂・法華三昧堂・釈迦堂・尼戒壇が造営され、密教と浄土教に基づく寺院となった。道長は阿弥陀堂で臨終を迎えた。

▼**偈**　サンスクリットのガーターの音写省略形で、頌《じゅ》の意。仏の教えや仏・菩薩の徳を詩句の体裁で讃えたもの。また経典の散文部分の意味を韻文で表現したもの。

▼**檀越**　檀は布施、越は主の意で、施主、檀那と同じ。財物等を寄進し、寺院を建立したり、また僧尼に施すなどして、功徳を期待した世俗の信徒。

妻の出家と夫妻の宗教活動

女性の出家は家族関係にも多くの変化をもたらしたが、妻が出家した場合、夫との婚姻関係は解消された。

たとえば長元元(一〇二八)年に、藤原隆家女は病気によって出家した後に死去したが、彼女の葬送日が夫敦儀親王の衰日《すいにち》▲にあたっていたことが問題になった。しかし「出家後は夫婦の義、已に絶ゆ。今に至るに外人とす」と、出家によって夫婦関係が絶えており、二人の関係は他人であると判断され、夫の衰日を避けずに葬送が行なわれた例がある。

このように女性の出家は夫との婚姻関係が切れることが原則であり、服忌《ぶっき》▲などでも他人の関係として扱われた。また女性からの離婚請求の意思表示として、自ら髪を切って関係を絶つこともあった。

しかし逆に寡婦《かふ》が再婚を否定し、未亡人として生活する意思表示として出家する例のように、来世にもつながる夫婦関係の継続を表明するために行なわれることもあった。

日本でも古くから死者のために髪を切り哀悼を示す習俗があり、また女性が

▼**衰日**　個人が万事を忌み慎むべき日。たとえば一歳は離《り》で、寅と申の日を衰日とするなど、年齢ごとに八掛を配して求める行年衰日が、専ら用いられた。

▼**服忌**　死者の近親縁者が、喪に服し忌みこもること。近親の度合いに応じて、忌中・喪服着用の期間が異なった。服紀・忌服ともいう。

▼**後家尼**　夫の死後に、夫の家・遺領の支配を託された妻で、夫の菩提供養のために出家した尼。

他人の死をきっかけに出家する例もあった。ただし八、九世紀の例では母子関係を中心とした家族結合を反映して、その多くは子を亡くした母として出家するものであり、夫を亡くした妻が出家する例はほとんどなかった。しかし十世紀頃から夫の死を契機に、夫への貞操を示し、夫を追善するために、四十九日前後に妻が出家する例が増加するようになり、中世の「後家尼▲」の慣習につながっていった。

古代の婚姻は、もとは男女が通い合う性愛を中心とした関係で、通いが途絶えると自然消滅することもある流動的なものであった。これが時代と共に次第に訪婚からスタートし、ある程度の時期に妻方、夫方、もしくは新たに別の場所で、夫妻と未婚の子供を基礎単位とした小家族が同居していく形態をとるようになっていった。そしてさらに中世には、妻が夫方親族と同居していく父系直系家族を基礎単位とする婚姻形態が多くなっていった。

このような婚姻関係において、夫と妻の家族意識は、妻と未婚の子供の所に夫が通ってくるという結合を反映し、常に母と子の絆《きずな》は強かった。しかし夫と妻が必ずしも強い家族意識をもって結びついていなかったと考えられる。このような流動的な夫妻観に対して、次第に夫と妻の結びつきを核にした家族という意識が生まれていくが、このような家族意識を強めていくうえで、夫妻は仏縁という強い絆で結ばれた関係であるとする仏教的夫妻観が重要な役割を果していった。

たとえば、十二世紀前後から、夫妻が互いに仏教的な縁で結ばれた夫妻であることを強調した「縁友《えんのとも》▲」と呼び合う例が多くなった。そして夫と妻がそれぞれ自分の資財を出し合って寄進し、仏像の造立や写経を行なう宗教活動が増加した。この時夫と妻は二世に至る円満な婚姻関係が続くことを祈願し、それぞれの両親を一緒に供養し、二人の子供の誕生と成長を願う場合が多く、これが夫妻の絆の強さを自覚させるうえで大きな意味をもっていった。

前世と現世、または現世と来世という二世にわたり、縁で結ばれた夫妻であるとする観念が発達したことは、妻が夫の死後も夫の家に止まり、夫の菩提を弔う「後家尼」として生活を続け、夫の権力を引き継ぎ、これを子に継承させる役割を担ううえでも、重要な支えになっていった。そして偕老同穴を理想とする儒教的夫妻観と共に、夫方における妻の地位を保つうえで重要な役割を果し

▼**縁友**　縁共とも記す。縁で結ばれた友の意で、「縁友之夫妻」と夫妻の関係を記す例があり、また「縁友」を夫に対する妻の意で用いる場合もある。

たと考えられる。

出家と親子関係

一方、出家によって親子関係は解消されないと考えられていた。このため出家した親が子供とは縁を切らずに、子供の面倒をみている例も多くあった。たとえば藤原公任《きんとう》とその妻▲の間には二人の娘がいたが、妻は早くから尼となり、夫妻の婚姻関係は切れていたが、娘を媒介にして交流関係は続いていた。そして女性は出家後も子供と同居して生活する場合が多く、公任の妻は二番目の娘が急逝した後は、一番目の娘夫妻と同居していた。

また出家した子供も母に孝養を尽くすことが求められた。特に僧となった息子は母を宗教的に救済する役割を期待されていた。このため僧が自分の修行する寺のそばに老年となった母を呼び寄せて、日常的に行き来して扶養した例は古くからあった。そして母たちも僧となった息子の側で最期を迎えることを願った。たとえば成尋《じょうじん》▲阿闍梨《あじゃり》▲の母は、僧となった息子たちの念仏を聞きつつ臨終を迎えることを理想とし、夫の死後に、二人の息子を出自身分は高かったが官

▼藤原公任とその妻　藤原公任(九六六〜一〇四一)は平安中期の公卿、歌人。三十六歌仙の一人。『和漢朗詠集』『北山抄』など多数の著作でも知られる。公任の妻は村上天皇皇子昭平親王の女。母は藤原高光女。藤原道兼の養女となり、公任を婿取りして二人の娘(教通室と四条宮遵子養女)を生んだが、その後尼となった。

▼成尋　一〇一一〜八一。平安中期の天台宗の僧。父は藤原実方の孫。母は源俊賢の女。岩倉大雲寺別当、延暦寺阿闍梨となり、延久四(一〇七二)年に天台山・五台山巡礼のため渡宋。神宗に謁見し、また多くの経典や日記『参天台五台山記』などを日本に送ったが、本人は宋に残って没した。

▼**阿闍梨**　サンスクリットのアーチャーリヤの音写とされ、弟子を教える師の意。日本では僧職の一つとして、密教の秘法の伝法灌頂を受け、それを執行する僧をいう。

●―**僧の住房で同居する尼**(『信貴山縁起絵巻』)　老年に信濃から弟をさがして旅に出た僧命蓮の姉の尼公は、東大寺大仏の夢告を受けて再会した弟と信貴山の住房で余生を過ごした。僧の母もこのような生活を理想とした。

人として立身させずに仏門に入らせ、八〇歳頃には息子成尋がいた岩倉に居住し、夜中でも通い会うことができる生活をしていた。しかし八四歳の時に成尋が中国五台山への巡礼を志して旅立つことになり、ひとり残された精神的打撃と息子への思いを『成尋阿闍梨母集』に書き残したことは有名である。

しかし九世紀以降、高野山や比叡山など山林修行を伴う寺院の多くが、女性の登山と居住を厳しく禁じていた。このような女人禁制▲の山で修行する僧は、さまざまな工夫をして母を扶養した。

たとえば比叡山では、一二年間の籠山が重要な修行となっていた。しかし九世紀初めの最澄の頃から、弟子僧が老母を養うために一時的に修行を中断して下山した例がある。また十世紀の天台座主《ざす》尊意は若い頃母親に孝行するために修行を五年間延期した後に年分度者に及第したという。しかし修行を中断できない場合には、母を山の麓にあった施設に住まわせて孝養することが多かった。十世紀後半の天台座主良源▲は、天暦九(九五五)年に、七〇歳になった母のために、琵琶湖西岸に苗鹿院《のうがいん》という山荘を作り、母を住まわせて孝養したが、母の没後は弟子源漸の母を宿住させていた。また良源は、この他に小山宅の明豪の

▼女人禁制　女人結界ともいう。特定の聖域へ女性が進入することを禁止すること。霊山では比叡山・高野山・吉野大峰山などが代表的。本来は男性僧が戒律(不婬戒)を遵守することを目的に定められたとされる。しかし密教化が進行し、霊山を浄土と見なすようになると、浄土に女人なしとする教義や穢れを排除する思想の中で、女性の血穢などを理由にする場合もあった。

▼良源　九一二〜九八五。平安中期の天台宗の僧。諡号は慈恵。近江国浅井郡の木津氏出身。応和の宗論で著名となり、法華経、浄土教を学び横川を発展させ、天台座主として比叡山の堂舎造営、法会整備を行なった。また藤原師輔など摂関家の帰依を受け、師輔息の尋禅を後継者としたことが、比叡山の荘園の拡大と世俗化に繋がった。

母についても気にかけて、同法たちに彼の母の世話を頼んでいる。

女人禁制の山の中腹には、女性の立入り禁止の境界を示す結界石《けっかいせき》が置かれ、女人堂などが建てられたが、ここを高野山の空海とその母など、僧と母の面会の場とする伝承が多い。山の麓の施設は、僧たち自身の養生の場や世俗活動の場でもあり、このような里坊《さとぼう》と呼ばれた施設の周辺には、母以外にも、僧の姉妹、そして場合によっては僧と婚姻関係があった女性たちも集まってきていた。そして女性たちは、僧衣などを洗濯して僧の修行生活を支えていた。

女人禁制以外の寺でも女性が寺に居住することを禁止していたが、山城国海住山寺では住僧の母や姉で六〇歳以上の者、摂津国勝尾寺では七〇歳以上の尼の常住を認めていた例もある。

尼削ぎと完全剃髪

髪型から尼の存在形態をみてみると、僧と尼とでは差があり、僧は完全に剃《てい》髪《はつ》することを基本としたが、この時期には、尼は取り敢えず肩もしくは背の中程まで垂らして切りそろえた尼削《あまそ》ぎにしておくことが多かった。この見習い尼の髪型である尼削ぎは、勝手に髪を切ったり、密通などに対する刑罰として髪を切られた姿とも類似していた。また髪の長さが身分を象徴した時代であり、この尼削ぎの長さは身分の低い女性の髪の長さと同じであったため、尼削ぎの尼は身分的に不安定な状態になっていた。このため経済的にもまた宗教的にも恵まれた環境にいた女院《にょいん》や貴族女性などを除くと、尼削ぎ姿の女性が充実した宗教生活を送ることは、決して生易しいものではなかった。

尼たちも、この中途半端な髪型から、最終的には神聖な出家者の髪型である完全剃髪になって修行することを目指していた。藤原彰子▲は万寿三(一〇二六)年に出家し、清浄覚という法名を得て上東門院という女院になったが、この時の出家は「尼削ぎたる児《ちご》どもの様にておはします」といわれた尼削ぎであった。また母の源倫子も、夫藤原道長が出家した後の治安元(一〇二一)年に尼となっていたが、最初は尼削ぎであった。しかしその後二人とも仏道に専念する意思を固めると完全剃髪し、特に彰子の場合は、今まで建立されていなかった尼戒壇▲を法成寺に建立して正式に天台円頓戒《えんどんかい》▲を受戒しており、「ひたぶるにぞ削ぎすてさせ給へる」姿になっている。なお倫子の場合は娘の中宮威子が死去し、

▼**藤原彰子**　九八八～一〇七四。一条天皇中宮。後一条天皇、後朱雀天皇の母。父は藤原道長、母は源倫子。万寿三(一〇二六)年に女院となり、上東門院と号す。

▼**尼戒壇**　尼が受戒するための式場。最澄は具足戒の三戒壇(東大寺・下野薬師寺・観世音寺)ではなく、比叡山に大乗菩薩戒壇を設立した。しかし比叡山は女人禁制のため、女性が受戒する戒壇はなかった。

▼**天台円頓戒**　天台宗の大乗菩薩戒。円満でたちまちに正しい覚りにいたる戒。最澄は梵網経の十重四十八軽戒(不殺戒など一〇の重い禁戒と不飲酒戒など四八の軽垢罪の戒)をもとに、三聚浄戒(すべての悪を断じ、善を実行し、衆生を救済する)を授ける戒を説いた。

●──『当麻曼荼羅縁起絵巻』　右端は尼削ぎ姿の本願尼(中将姫)。中央は頭巾を被った尼(阿弥陀仏の化身)。左端は長い垂髪の織姫(観音の化身)。

●──『法然上人絵伝』巻19　完全剃髪した姿で臨終を迎える尼聖如房。

●―紫雲にのって往生する尼
（『法然上人絵伝』巻一九）

尼姿が忌まれる公的な場に出入するような世俗とのかかわりをもつ必要もなくなって、完全な剃髪をするようになったらしい。

また臨終に際して、尼削ぎから完全剃髪する場合もあった。道長の姉で一条天皇母の藤原詮子は、正暦二（九九一）年に尼となり東三条院となっていたが、死期が近づいた長保三（一〇〇一）年に完全剃髪している。このような危篤の時の剃髪は、「僧となる」または「法師となる」と表現される場合が多い。

たとえば『大集経』などの経典の中には女人成仏を、女性が男子の身を受けて剃髪した、または袈裟を着す「沙門」「沙弥」となったと、表現するものもある。尼ではなく男性と同等の僧の姿になることは、当時の「変成男子」による女人成仏を基本的な教義とした仏教の女性観が影響した可能性がある。

平安中期以降、経典にみえる仏教女性観を前提とし、女性は罪深く穢れた五障の身であると否定的にとらえ、「変成男子」しなければ成仏できないという教義に基づく女人往生論や女人成仏論が論じられるようになっていた。ただし逆に「龍女成仏」が男性を含めて生き物全ての「即身成仏」を表わすとする解釈もあった。

母の救済と息子の信心

そしてこの「変成男子」説に基づき、女性たちの追善供養のために『転女成仏経』の写経が『法華経』などに添えられることが多くなっていた。

たとえば十二世紀の法隆寺やその周辺地域にいた人々の寄進によって作られた知識経「法隆寺一切経」の中にある『仏説転女身経』には、法隆寺僧覚印の識語《しきご》がみえる。これによれば覚印の母は天承二(一一三二)年五月八日午前十時前後に没したが、その二日後の十日午前六時前後に、覚印の夢に母が往生した験《しるし》があったという。そして母が「女身」を転じたことを確信した覚印は、『仏説転女身経』の書写を思い立ち、六月十三日午後二時頃に書写が終了したと記している。母の往生を願う「孝子」の僧が、母の閉眼と夢告《むこく》の時刻を克明に記録したのは、往生が奇瑞《きずい》や夢告によって極めて厳密に認定されるものと考えられていたためである。いずれにしても「変成男子」によって往生した母を、息子が『仏説転女身経』によって供養した例といえる。

前述したように出家しても親子関係は継続され、特に僧が母と密接な関係を保って孝養を尽くすことが古くから行なわれていた。そして十世紀以降から、僧や文人貴族の中で理想化され、母性を尊重する思想を強調するようになっていった。たとえば奝然《ちょうねん》▲が老母を残して宋に渡る前に、母のために四十九日逆修法会を行なったが、この時に慶滋保胤《よししげのやすたね》▲が代筆した願文《がんもん》では、「我が母は是れ人世の母ならず、是れ善縁の母なり」と、母は奝然が仏道修行していくうえで守護し精神的に支えている存在として理想化されている。また奝然は僧となった自分が母を宗教的に救済することこそ、母への真の報恩であるとしているように、僧が母の救済を使命にするようになっていた。

このように僧たちが母を理想化していくことは、一方で僧たちが女性である母は仏教教義のうえで、救済することが困難な性であるという、差別的教義や制度を受け入れていたことを意味した。女性を罪業深い存在として忌避する考えと、母性を尊重し崇拝する考えは表裏の関係であったといえる。

女性は死後に万億劫《ごう》という膨大な時間が続く苦難の世界が待っているとされたり、地獄・餓鬼道・畜生道の三悪道をさまようという説が、中国から伝わった盂蘭盆《うらぼん》の起源説話として著名な目連《もくれん》救母伝説▲と共に流布した。目連救母伝説は時代と共に仏弟子目連の母が、餓鬼・畜生、さらに地獄に堕ちたという話に

▼奝然　九三八〜一〇一六。東大寺僧。永観元(九八三)年天台山・五台山巡礼のため渡宋。太宗に拝謁し、職員令・王年代紀などを献上。寛和二(九八六)年に栴檀釈迦瑞像の模刻や大蔵経を携えて帰国。請来の釈迦像を安置した嵯峨釈迦堂を清涼寺とすることを願い、没後、弟子盛算の時に勅許された。

▼慶滋保胤　?〜一〇〇二。平安中期の文人貴族。文章生から花山朝の大内記となる。大学寮学生と比叡山僧の念仏結社勧学会設立メンバー。寛和二(九八六)年出家。法名心覚、のち寂心。源信とも交流。『池亭記』『日本往生極楽記』ほか多くの著作がある。

▼目連救母伝説　釈迦十大弟子の目連が母を餓鬼道から救うため、夏安居の最終日の七月十五日に僧へ飲食を供養する説話。『盂蘭盆経』に由来し、中国の俗文学では目連変文や目連救母宝巻などの説話や語り物にもなり、日本でも

変容していったが、母が地獄に堕ちた理由として、慳貪《けんどん》と嫉妬《しっと》の性であったとされる場合が多くあった。

　経典や中国の説では、目連の母は母自身の不信心や悪行を強調している。しかし日本の目連救母伝説は、子に王位を与えたいために慳貪となり、子が僧として出世することを願うため、ライバルとなる他人の死を願う驕慢さなど、子に対する愚かな盲愛から子のために罪を犯したとし、母子関係を投影した罪意識に重点を置いて説明しようとする特徴がある。そして『元亨釈書《げんこうしゃくしょ》』▲には東大寺の僧法蔵の母が、子供を産み育てることで犯す偏愛の罪により、焼熱地獄に堕ちたとみえ、『沙石集《しゃせきしゅう》』▲にも「人ノ親ノ子ヲ思フ痴愛《ちあい》ノ因縁ニヨリテ、多ク悪道ニ落テ苦ミヲ受」く、もしくは讃岐坊の母は「アレ（讃岐坊）ヲ養フトテ、多クノ罪ヲ作リテ」餓鬼になっていたとある。日本中世では子を産育することとそのものが、多くの殺生《せっしょう》を犯さなければならないものとされ、その罪は親の中でも父の罪ではなく、特に母の罪とみていた。

　このような仏教教義や俗説は、死後の母を救済しようとする僧の信心に大きな影響を及ぼしていった。母たちの罪が救いがたいものであればあるほど、こ

『三宝絵』や『餓鬼草紙』をはじめ、広く語られた。

▼『元亨釈書』　虎関師錬《こかんしれん》の編纂した仏教史書。元亨二（一三二二）年成立。三〇巻。僧伝（一～一九巻）・資治表（二〇～二六巻）・志（二七～三〇巻）の三部。僧伝は四〇〇人以上の僧の伝記を伝智・慧解など一〇分類して載せ、資治表は欽明天皇から仲恭天皇までの仏教年代記、志は仏教制度・寺院・音楽などの部門史。

▼『沙石集』　鎌倉後期の僧無住が著わした民衆に仏教を教化する説話集。弘安二（一二七九）年に起筆し、同六年に一旦脱稿後も増補加筆し、延慶元（一三〇八）年に最終改訂となる。一〇巻。中世庶民の生態を知るうえでも貴重。

れを救済したいと思う息子自身の信心を固めさせる役割を果していた。

十一世紀末の『世喜寺供養記《せきでらくようき》』にみえる勧進僧の釈能《しゃくのう》は、熊野や清水寺《きよみずでら》などの観音霊場で、母が死後どのような所に生まれ変わったかを知る夢告を受けるため、貧窮者や病気の人々を風呂に入れる慈善救済活動を盛んに行なっていた。そして最後に近江の関寺で、母が人に水すら与えなかった慳貪の罪を償うため死後馬となっていたことを知り、母の生まれ変わりの馬が死んだ後に、その皮に法華曼荼羅を描き、『法華経』を写経し、法華八講を行なって供養したとある。交通の要所で使役されていた動物を母に見立てて供養することが盛んになっていたことがわかる。

また『今昔物語集』にみえる蓮円は、日本中を歩きすべての人に礼拝賛嘆する修行をした後、京の六波羅蜜寺《ろくはらみつじ》で法華八講をし、母が地獄に堕ちていたことを知ったが、母は息子の積んだ功徳で忉利天《とうりてん》に転生したという。『宇治拾遺物語』にみえる清徳という聖は、三年間山に籠《こ》もって一心不乱に飲まず食わずで墓の周囲をまわるなど、壮絶な苦行を行なうと、夢に母が変成男子してさらに成仏したことを告げてきたとあり、僧が母を供養する話が多くみえる。

中世になってもこのような信心はさらに盛んになり、十二世紀後半には、興福寺や笠置寺で活躍した法相宗の貞慶《じょうけい》が、幼い時に死に別れた母の生所を問う百日祈願を自ら行ない、地蔵菩薩像の造立や図絵による地蔵供養をした記録が残っている。

高僧の仏教女性観・女性の仏教女性観

中世に成立・発展した多くの宗派でも、強調する点や、取り上げ方の相違はあるものの、女性の罪業観を前提に救済を説く仏教女性観が全体的には引き継がれていった。

浄土宗の祖師《そし》である法然は、積極的には「変成男子」説について語ることはなかったが、彼の伝記『伝法絵流通』や著作とされた『無量寿経釈《むりょうじゅきょうしゃく》』で、女性は罪深いために比叡山や高野山などの聖山や東大寺の大仏殿などの中に立ち入ることができない存在であり、阿弥陀仏の本願による以外は最終的に男身となって往生することができないと説いたとされている。しかしこれらは後世に増補されたものであり、法然自らの言葉というより、法然門下の伝道活動の中で女性

●──『法然上人絵伝』巻18　尼や女房たちに女人往生を説く法然の姿の一例。教団の伝道活動のために、祖師絵伝の中に加えられた。

を教化していくために作られたことが明らかにされている。祖師個人とは別に、教団としては差別的な女人往生論が布教されていったといえる。

また浄土真宗の祖師である親鸞も『浄土和讃』で弥陀の「変成男子」による女人成仏の本願や、女性を五障の身として取り上げている以外は、女人往生論について言及がない。しかし「変成男子」を前提としていたことは確かである。また親鸞以後、真宗教団の伝道においても、罪深い女性をまず阿弥陀仏が救済すると説く論理から自由ではなかった。

曹洞宗を開いた道元が、著作の『正法眼蔵《しょうほうげんぞう》』の「礼拝得髄《とくずい》」で日本に女人禁制が存在することを厳しく批判し、また得道・得法が問題で男女の差異は問題ではないと論じたことは有名である。ただし一方では比丘を第一、比丘尼を第二の順位とし、また「変成男子」を前提とした伝統的な仏教女性観を持っていたことも指摘されている。

一方、日蓮宗の祖師日蓮は、『法華経』は五障三従の女性を成仏させることができると、積極的に女人成仏を主張した。そして龍女は蛇身のまま即身成仏したと説き、法華経信仰によって女性は罪業を消滅させうると考えたことから、

「変成男子」説を扱わなかった。しかし女性に書き送った書状に「をとこ善人ならば、女人仏になる」とみえるように、夫が主導する家族関係を前提とした女性観に基づく布教を行なっていた。

西大寺流の律宗を復興した叡尊《えいそん》は、男女を問わぬ救済のため、光明真言会を盛んに行なったが、十一世紀前半から光明真言を誦持した女性は五障を克服できるという説も成立していた。また弟子の惣持は、尼や女性たちに女人の重業を救うためとして、『転女身経』の開板《かいばん》を勧進したこともある。

これに対して、女性たちの仏教女性観はどのようなものだったのだろうか。女性たちの中には、もちろん「変成男子」などの教義をそのままに受け入れさせられ、これを内面化して信心を固める者もいた。

たとえば十一世紀半ばには、女弟子紀氏が女身を転じて男子となって吉野金峯山子守社の神前近くに参入することを祈願して、子守三所像を奉納した例もある。また十三世紀後半に、妙法という老尼が貞慶の地蔵講式の影響を受けて、母の供養のために奈良の伝香寺に伝わる地蔵像造立の勧進活動を行なったが、その地蔵像は女性的な面影をもつ男身の裸体で、これに袈裟や衣を着せ換えて供養するものであった。そしてこの地蔵の胎内に残された願文の中には、五障の女身を転じて男子となることを祈願した唯心尼の願文もあった。

ただし中世前期の社会一般において、女性たちがこのような仏教女性観に縛られていたとは必ずしもいえない。女身垢穢《くえ》、五障三従、変成男子などに言及した男性たちの史料は多く残っているが、女性が自らこのことに言及している例は、前述のような貴族女性や尼たちの願文にみられるが、全体的にはそれほど多く残ってはいない。女性の本音や生活感覚として、どれだけ深刻に受け止められていたか疑問であり、女性たちが女身を必ずしも否定的にとらえていたわけではなかったと考えられる。親鸞の妻恵信尼《えしんに》は、変成男子説の知識はあったはずであるが、彼女の残した書状には極楽でまた娘たちと再会することを願っており、現世の女性のままで往生することを想像していたのかもしれないとみる説もある。

●——五百戒比丘尼（『融通念仏縁起絵巻』）

③——中世の女性と仏教

尼寺の復興

鎌倉時代以降になると、平安時代には衰退していた尼寺を復興したり、新しく尼寺を創建したりする動きが出て来た。源平の争乱、承久の乱の他、鎌倉幕府内の政争、幕府滅亡、また南北朝の内乱など、多くの戦乱の中で夫や子に先立たれた女性たちは、夫や子の菩提を弔い、また自分たちの生活を相互扶助するために、尼寺を建立して出家し、尼寺で生活することを選ぶ者が増加した。

たとえば華厳《けごん》宗を復興した高山寺の高弁《こうべん》（明恵《みょうえ》）を慕い、平岡の善妙寺に入寺した尼たちの多くは、承久三（一二二一）年の承久の乱で夫や子を失った妻たちであった。この尼寺は、駿河で処刑された夫、権中納言中御門（葉室）宗行の菩提を弔うために、後室禅尼戒光が貞応二（一二二三）年に建立したものであった。西園寺公経の移築してくれた古堂を本堂とし、高山寺の快慶作の釈迦像を本尊とした。この寺に入寺した尼には、戒光の他に、明達（佐々木広綱室）、性明（後藤基清室）、禅恵（藤原光親室）、理証（同妾）など、公家や在京御家人の妻たちも含まれていた。彼女らは、インドで尼という存在が成立するために貢献してくれた仏弟子阿難を供養する「阿難塔」を建立し、また『華厳経』を書写する活動を行なっている。なおこの他に、明恵から密教の奥義を究めた者のみに許された伝法灌頂《でんぼうかんじょう》▲を受けた二人の尼もいた。

しかしこのような尼寺は、創建当初から入寺した尼たちが死去した後に廃絶したり、僧寺になっていった例もあり、尼寺として法灯を伝え続けられないものが多かった。

また西大寺流の律宗では、叡尊や忍性《にんしょう》の指導のもとで、法華寺など古代の尼寺を復興したり、東国に進出し尼寺を創建していった。そして戒律を遵守し、また病人たちの看護など社会救済活動に尽くす比丘尼たちの養成が行なわれた。

特に具足戒《ぐそくかい》▲を受けた正式の比丘尼が誕生したこと、比丘尼が戒師として具足戒を授けることもできるようになったことは、尼の地位を向上させるうえで重要な役割を果した。それまでは具足戒の授戒を行なう尼戒壇も十分に整備されず、このため多くの尼は、原則としては式叉摩那《しきしゃまな》・沙弥尼《しゃみに》などの見習い尼に留まり、正式の比丘尼として扱われてこなかった。そして天台系でも尼の受戒制

▼**伝法灌頂**　密教の灌頂(頭部に水を灌ぐ儀式)の一つ。一定の修行をして徳を備えた有資格の弟子に、師の大阿闍梨が秘密究極の法を伝え、阿闍梨位を継承させるために行なう。受戒後、大曼荼羅壇の前に引き入れ、華を投げさせて有縁の仏菩薩の尊格を定め、如来の五つの智恵を表わす五瓶の水を散杖で灌ぐ。

▼**具足戒**　比丘・比丘尼が僧団で守るべき戒律の総称。具足は備わり足りる意で、仏教語では「完全な」の意でも用いる。諸部派で異なり上座部仏教では比丘二二七戒、比丘尼三一一戒、東アジアでは『四分律』の比丘二五〇戒、比丘尼三四八戒とされた。ただし比丘尼戒は比丘の倍の五百戒と総称される場合があった。

▼結縁灌頂　密教の灌頂の一つ。仏縁を結ばせるために在俗の一般信者を対象として行なう儀礼。目隠ししたまま、曼荼羅を敷いた道場に引き入れ、華を投げさせ、その華の落ちたところの仏菩薩に帰依させる。

●——尼衆　律宗の尼姿(『七十一番職人歌合』)

度は不十分なままに放置され、約十一世紀になって藤原彰子が法成寺尼戒壇を造営して天台菩薩戒を受戒したが、この尼戒壇も天喜六(一〇五八)年二月の火災で焼失し再建されないままとなっていた。

また西大寺流の律宗は密教の伝法灌頂を行なったが、僧に比べて人数は少ないとはいえ、伝法灌頂を受けた尼が存在したこともあった。そして多くの在俗男女に結縁《けちえん》灌頂▲を授ける教授師となった尼もいた。

大和の法華寺も一時衰退していたが、十三世紀半ばに叡尊の弟子の尼たちによって復興された。この時に中興第一世長老となった慈善(聖恵房)は、もと春華門院昇子に仕えた女房であり、その師の空如という禅尼も、もと八条院高倉という女房であったという。中世の法華寺は中世王権に関係のある女性たちの隠居の場ともなっていった。

このような女房出身者の他にも、東大寺戒壇院長老円照の母如円(覚印房)、姉円性(如真房)とその娘尊如(日円房)など、学僧の「家」出身の母子三代の女性たちが法華寺に入っている。この当時は僧が実質的に妻帯し家族をもつことが多くなっていたが、息子は父の「真弟」として寺における地位を相続できたが、妻や娘は相続の対象とならず、夫や父の死後に尼寺に入寺する場合が多くなっていた。なお尊如は未婚のまま尼として出家し、後に京東山の東林寺第二世長老となっていった。

また唐招提寺《とうしょうだいじ》を中興した覚盛《かくじょう》の弟子信如も、興福寺学侶《がくりょ》璋円の娘であった。信如は文永十一(一二七四)年に法隆寺綱封蔵《こうふうぞう》に忘れ去られていた「天寿国曼荼羅繡帳」▲を再発見し、この模本《もほん》を作成して中宮寺を再興するために勧進活動を行なった尼として著名である。そしてこの周辺には、多くの在地の在家尼たちがおり、寄進によって律宗の活動を支えていた。

中世の尼と坊守たち

禅宗の中で臨済禅は、栄西《えいさい》が鎌倉幕府の帰依《きえ》を受けて発展した。また鎌倉幕府は、多くの禅僧を中国から招いたため、宋風の禅宗の移入も盛んになった。そして鎌倉や京都に多くの寺院が建立され、その中には尼寺も含まれた。

無外如大(無着)は、弘安二(一二七九)年に来日した無学祖元《むがくそげん》の弟子と伝えられる尼である。この尼は、貞和五(一三四九)年に夢窓疎石《むそうそせき》が記した「資寿院置

▼**天寿国曼荼羅繡帳**　紫の羅の地裂に色糸で刺繡した帳。もと二張あったが、残片と鎌倉時代の補作を額装した一張が現存する。僧俗の人物像、寺院などの建築物や動植物が描かれ、点在する亀甲に銘文がみえる。『上宮聖徳法王帝説』に残る銘文によれば、聖徳太子妃橘大郎女が太子を追慕し往生したありさまを、高麗氏・東漢氏などの画工に描かせ采女らに刺繡させたものとある。

●—「千代のそうし」　千代野という女性が、水を汲んだ桶の底が抜けたのを見て悟りを得た姿を描いたもの。この女性が後に無着(無外如大)となったとする伝承が多く伝えられている。

●―比丘尼　禅宗の尼姿（『七十一番職人歌合』）

文」（相国寺慈照院所蔵）によれば、安達泰盛の娘で金沢顕時の後室となり、その息女は足利貞氏室とする所伝がみえる。その真偽は不明な点が多いが、少なくともこのような所伝が南北朝中期には成立していたことは確かである。この尼はのちに尼五山の筆頭となる景愛寺の開基とされ、中世・近世においても臨済禅の尼の象徴的な存在として伝記が作られ、尼五山の系譜を引く尼寺を中心に重んじられていった。

　宗峰《しゅうほう》妙超《みょうちょう》の開いた大徳寺の寺内には、妙覚寺という尼寺があり、元徳三（一三三一）年に大徳寺造営に勧進活動をした尼の宗印が初代住持となり、以後門弟相承する朝廷の祈願所として位置づけられ、本寺である大徳寺領の年貢の二〇分の一を給付されていた。

　一方、曹洞宗をひらいた道元のもとにも、多くの尼たちが集まった。たとえば道元は自ら書き残した法語で、了然尼を強い意思をもって仏道修行をした尼として評価している。また懐義という尼は、もとは大日房能忍の達磨宗の法系に繋がり、道元に禅宗による父母追善供養の法要を請い、さらに道元の晩年に側近くで看病をしたという。

この他、十四世紀前半に能登の永光寺、総持寺を建立した瑩山紹瑾《けいざんじょうきん》のもとにも、祖忍・明(妙)照・慧球をはじめとして多くの尼が集まった。その中には後家尼も存在したが、自立した尼として曹洞宗教団に参加した者も多くいた。たとえば祖忍はもと平氏女と名乗り、酒勾《さかわ》氏の惣領的な女性として獲得した豊富な経済力を背景に、本人の意思で自らの財産を寄進して、能登酒井保の永光寺造営の檀越となっていた。また自ら夫海野信直の存命中から出家剃髪していた。そして永光寺山内の塔頭《たっちゅう》円通院に住持し、本格的な禅問答も行なうなど、主体的な出家修行者として活動していた。一方、明照は瑩山の従姉妹で、祖忍没後の円通院の院主となった。

また曹洞宗における最初の独立した尼寺であった加賀の宝応寺は、瑩山が実母の菩提のために建立したものであった。明照はこの初代の房主職にも任命されている。そして慧球は正式に禅者として嗣法した門人と位置づけられ、また仮名書きの「菩薩戒授与の作法書」を授与されて、他の人にも戒を授ける資格を与えられていた。

しかし総持寺の峨山韶碩《がざんじょうせき》のもとでは、自立した尼の存在もあったが、後家尼も多く、この僧団における尼たちの存在意味の質は低く、それぞれの僧団による差も存在した。

一遍が開いた時宗《じしゅう》は、浄・不浄を嫌わず、踊り念仏を興行し、「南無阿弥陀仏決定往生六十万人」と印刷した賦算《ふさん》▲を配りつつ、全国を遊行する集団であった。一遍が遊行を始めた時から妻や娘と思われる尼たちが同行し、さらにこの遊行に多くの僧尼が参加した。一遍の教えに発心《ほっしん》して出家した備前藤井の地頭の妻、仏心がなかった信濃佐久郡の大井太郎姉の帰依、一遍の最後の賦算を受け取った播磨の淡河殿の女房など、多くの女性の帰依もあった。

時宗は一遍死去後に、真教《しんきょう》によって教団が編成され、その後各地で諸派に分化しながら、十四世紀に発展をとげていったが、この頃には京でも四条道場・六条道場・樋口大宮道場など多くの道場が存在した。

そして中原師守《もろもり》の日記である『師守記』には、この十四世紀頃、明経道《みょうぎょうどう》の家として外記《げき》を世襲していた中原家出身の女性が時宗の尼となっていた例がみえる。尼の経仏房は六条道場で活動しつつ、実家に頻繁に出入りし、親族の忌日供養、年忌供養に念仏などを行なっていた。また経仏房の兄師右の葬送には同

▼**賦算**　「南無阿弥陀仏」の札を配ること。配った札の数で結縁者を計算した。一遍は「信不信をえらばず、浄不浄をきらはず、その札をくばるべし」との熊野権現の託宣を得て、念仏の勧進を行なった。

●—『一遍上人絵伝』巻 2　一遍に従う尼と僧。

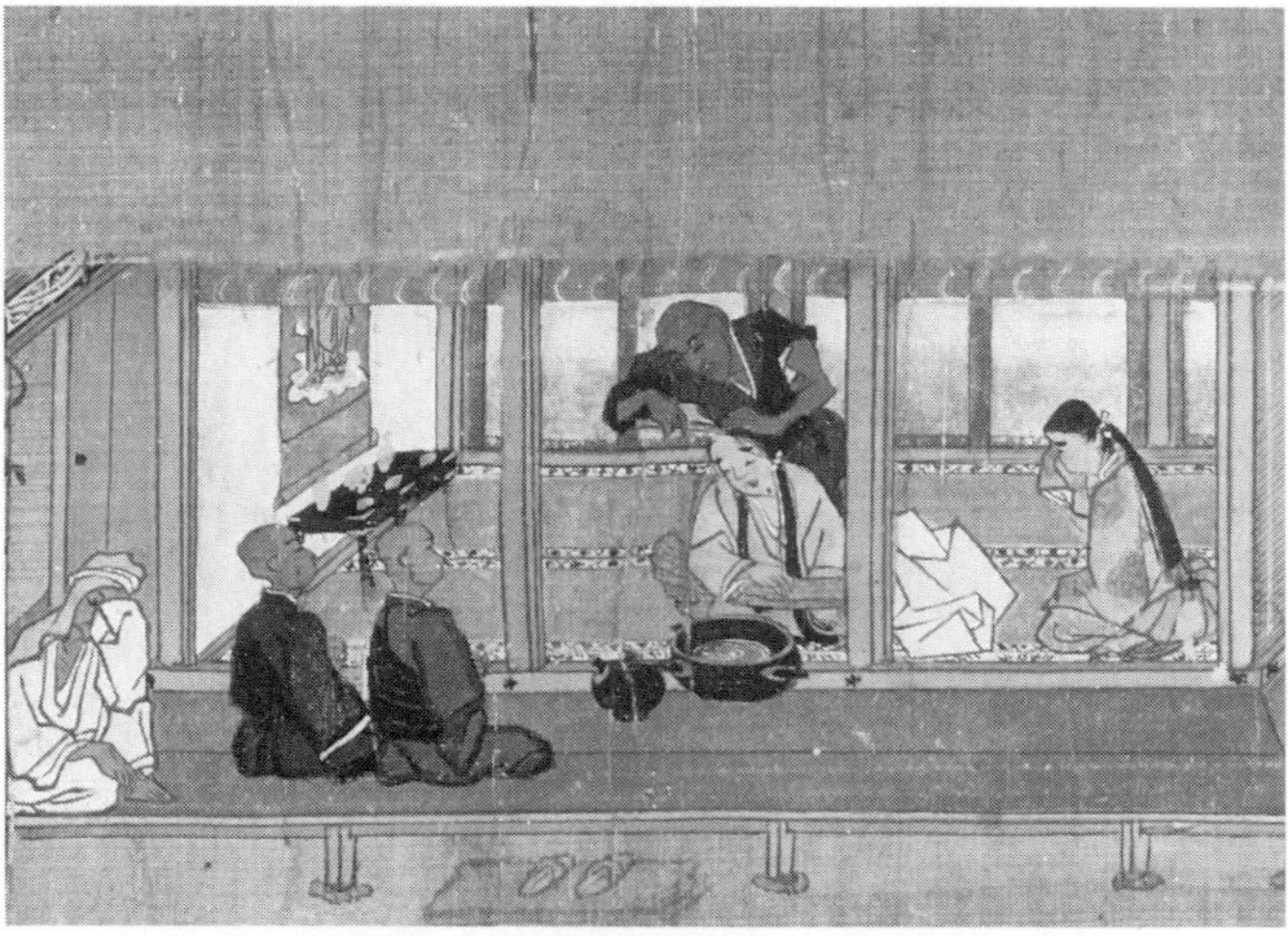

●—『一遍上人絵伝』巻 4　一遍による備前藤井の地頭妻の剃髪。

法の尼衆たちと共に墓前読経と念仏に参加し、兄の妻が臨終の時には死者を往生に導く善知識として最期を看取っている。もちろんこのような家の仏事は僧が関与する仏事もあり、尼だけではなかったが、時宗の尼として重要な役割を果していたといえる。

一方浄土真宗のように尼寺をもたない宗派もあった。そして祖師親鸞《しんらん》の子孫が代々寺を継ぐ本願寺では、蓮如《れんにょ》の頃まで住持一族の庶子や女子が他宗の寺院に出家することもあった。たとえば巧如・存如・蓮如三代の各々の娘見秀・見瑞・見玉と寿尊が浄土宗の山城国吉田摂受庵に入寺したり、存覚の娘字光が西大寺流律宗の尼になっている。また庶家には時宗の尼となった例もある。

妻帯を基本とした真宗系教団の宗主や道場主の妻は、近世以降「坊守《ぼうもり》」と呼ばれたが、夫が生存中は基本的には在俗のままであり、正式の出家者としての尼ではなかった。ただし宗主や道場主の妻たちが実質的な教団経営に重要な役割を果すことは多かった。

たとえば本願寺教団では、巧如の弟周覚の四女で、巧如の子如乗の室となった勝如尼は、娘如秀の夫で加賀の本泉寺住持となった、病弱な蓮如の子蓮乗の代りに、二〇余年間本泉寺住持代として活動し、蓮如に「北陸道の仏法は此尼公の所為なり」といわせるほどの役割を果した。

また東国の初期真宗教団の宗風を継承した門流の一つ、荒木門流の流れを引く仏光寺教団は、もと関東武士家人で在京中に本願寺覚如・存覚に師事して山科に仏光寺を創建した了源が創始したものであるが、その妻了明尼は、夫了源没後に病弱な息子を後見し、早世後は実質的な住持として仏光寺寺務を継承し、のちの仏光寺教団を確立するうえで重要な役割を果した。この教団ではこの道場主夫妻を筆頭に、多くの門弟や門徒の夫妻とその家族たちの肖像画を描いた「絵系図」が十四世紀後半から作られ、十五世紀に最盛期を迎えながら書き継がれていった。

このような夫妻を道場主として布教活動する例は、この他に紀伊国日高地域において了心と円心の道場主夫妻が、十四世紀半ばから布教して入信させた一二〇人あまりの人々の名を掲載した「一向専修名帳」からもうかがえる。

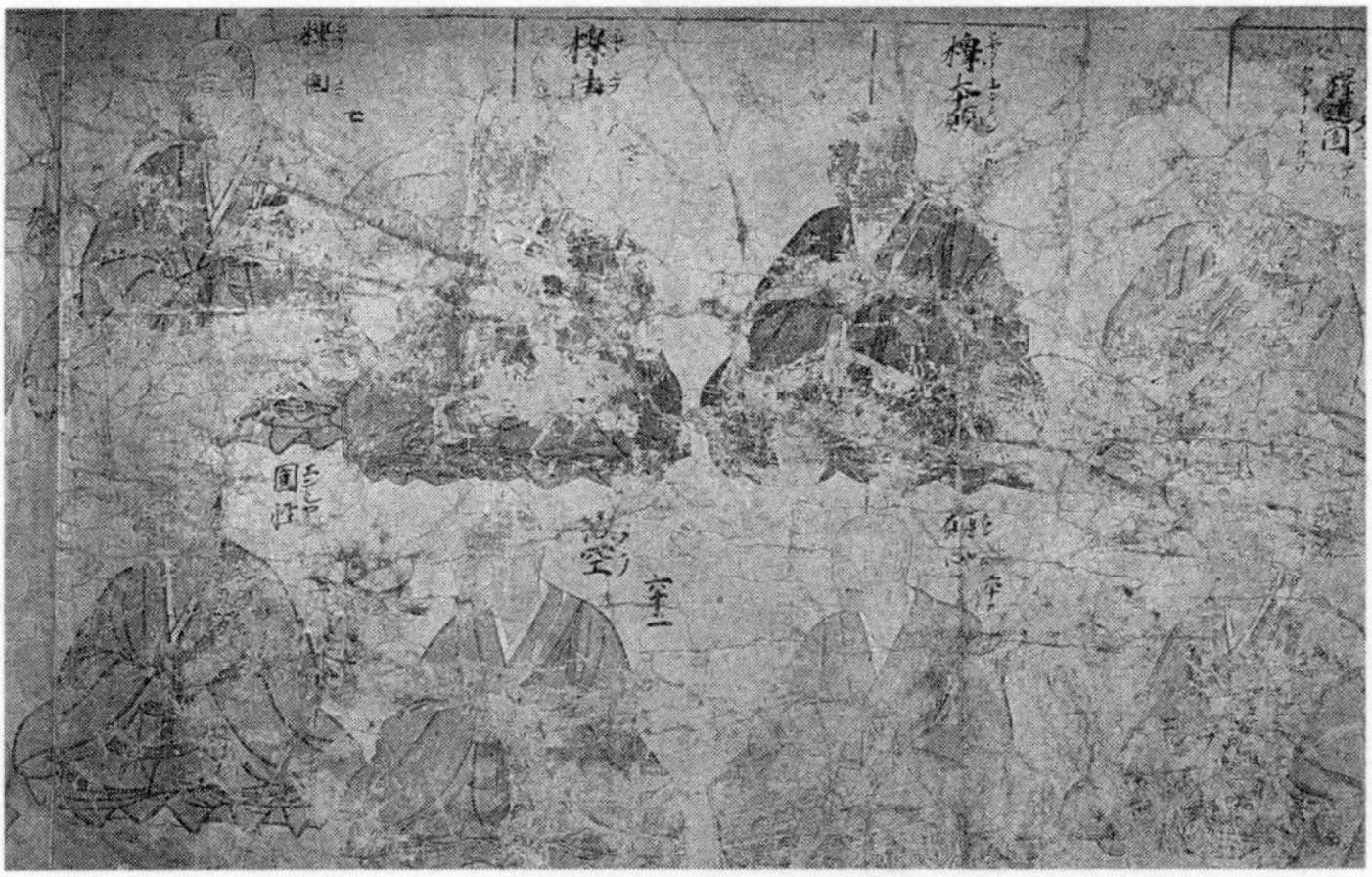

●—「仏光寺絵系図」　上図は了源と妻了明尼。下図は上下に門弟の僧(夫)と尼(その妻)が描かれている。

尼五山と中世後期の尼寺

中世前期に創立された尼寺は、前述したようにその法灯が続かないものも少なくはなかったが、幕府の官寺制度によって尼五山《ござん》として保護された尼寺、復興された古代からの由緒をもつ尼寺、また尼五山の住持を出す母体となり将軍家や天皇家の娘たちが多く入寺した尼寺・尼院などの中には、法灯が維持され、さらに近世以降も比丘尼御所寺院として存続していったものもあった。

鎌倉幕府が、中国南宋の官寺の制度にならって、禅宗の寺院を五山・十刹《じっさつ》・諸山▲に分類して統制保護し、さらに室町幕府でも、僧寺では南禅寺を筆頭として、天龍寺・相国寺・建仁寺・東福寺・万寿寺が京の五山とされた。このような僧寺だけでなく尼寺を位置づける尼五山の制も存在した。その成立時期は不明であるが、永享八(一四三六)年七月に足利義教の命によって「比丘尼五山次第」が将軍側近僧である五山の御相伴諸老によって審議され、「尼寺位次」が決められたことが『蔭涼軒日録《いんりょうけんにちろく》』▲にみえ、この頃室町幕府の制度が整えられたと考えられる。京の尼五山は景愛寺《けいあいじ》・通玄寺・檀林寺・護念寺・恵林寺で、一方鎌倉の尼五山は太平寺・東慶寺・国恩寺・護法寺・禅明寺であった。なお室町

▼五山・十刹・諸山　中世に幕府が官寺と位置づけ保護・管理した禅宗寺院の寺格。中国南宋の官寺制度にならったもの。五山を最上位とし、寺院の変遷はあるが京と鎌倉にそれぞれ五寺ずつ置かれ、至徳三(一三八六)年以降はさらに南禅寺を両五山の上と位置づけた。十刹は五山に次ぎ、制度の変遷を経て至徳三年以降は京都十刹と関東十刹が置かれたが、その後は寺格のみとなり、中世末には六〇カ寺以上になった。諸山は十刹の次に位置し、寺格の序列や数の制限はなく、中世末には二三〇カ寺以上となった。

▼『蔭涼軒日録』　室町中・後期に、相国寺鹿苑院内寮舎の蔭涼軒の留守役であった蔭涼職が記録した公用日記。記者に季瓊真蘂《きけいしんずい》、亀《き》泉集証《せんしゅうしょう》などがいる。

▼**貴種**　貴い家柄の生まれ、高貴な血筋をいう。

時代に檀林寺・恵林寺は嵯峨にあった。

京の尼五山の住持は、大聖寺・宝鏡寺《ほうきょうじ》・宝慈院・曇華院《どんげ》をはじめとする、特定の尼寺・尼院の尼が候補者となり、最終的には将軍の決定を受けて、鹿苑院主の補任状で任命される公的な相承による地位であった。任期は三年二夏が基本であったが、多くは一年程度の短期間で交替した。また住持就任は名誉とされていたが、就任の際の儀式費用や将軍・幕府への出費など経済的負担が大きく、推挙されても辞退する例も多かった。景愛寺は尼五山の中でも最も寺格の高い寺とされたが、明応七(一四九八)年の焼失後は再興されず、実際には住持職のみが相承された。

また尼五山以外にも貴種▲を住持として存続していった尼寺も多かった。たとえば大和の法華寺長老には、前述したように中世前期には女房や在地有力者の子女、良家クラスの僧の「家」出身などの人々がなっていた。しかし後期になると足利義満の末娘の尊順、関白一条兼良《いちじょうかねら》の娘で、大乗院門跡尋尊《じんそん》の異母妹の尊秀(光叡房)など、将軍家や摂関家の女子が相続していくようになった。また西大寺流の寺でありながら、若い尊秀へ相続する前に、異母姉で唐招提寺流律

●──「洛中洛外図屏風」に描かれた宝鏡寺と大慈院

宗の別時受戒の教授師にもなっていた八幡菩提院殿に一時的に「印爾《いんじ》(璽)」が預けられていたことからも、この長老職が貴種に独占される地位となっていったことがわかる。

また宝鏡寺は、尼五山の景愛寺住持職を出す寺の一つであったが、この寺は景愛寺の子院建福尼寺を中興した光厳天皇皇女の華林恵厳が開基と伝えられている。その後足利義詮の娘恵照、義満の娘理久、さらに義政と日野富子との間に生まれた理勝を含む、足利将軍家の女性たちが入寺する寺の一つとなっていた。十六世紀前半までには嵯峨から上京区寺ノ内通堀川東入の現在地へ移転していたが、上京の宝鏡寺の側には浄土宗尼寺の大慈院があった。この大慈院は義満母の姉にあたる崇賢門院仲子を開基とし、義満の娘聖久が崇賢門院猶子として入院してから、足利氏出身女性が住持となる寺となり、宝鏡寺理勝の姉聖俊も大慈院の住持となっていた。その後十六世紀後半に宝鏡寺が大慈院を吸収し、近世には大慈院は宝鏡寺が兼帯する寺となっていった。このように中世後期の宝鏡寺は将軍家の女子が私的に住持を相承する寺であり、また皇女や五摂家の娘も将軍家猶子として入寺していた。ただし近世には後水尾天皇皇女理昌と理忠、後西天皇皇女理豊、中御門天皇皇女理長と皇女が入寺する寺となっていった。

このように、中世後期には天皇家・宮家・将軍家また公家・武家が、それぞれの家出身の女子を入寺させたり、住持を相承させることを慣例とする尼寺・尼院が増加した。中世後期における天皇家の尼寺の代表は安禅寺や大慈光院(岡殿)であり、将軍家の尼寺の代表的なものは前述の宝鏡寺や、天皇家の寺から この時期には将軍家の寺となっていた三時知恩寺(入江殿)などがあった。公家ではたとえば九条家は不断光院、また万里小路《までのこうじ》家は建聖院、甘露寺《かんろじ》家は摂取院、広橋家は恵聖院などに女子を多く入院させた。

尼寺の尼たち

この時期、天皇家・宮家・将軍家また公家・武家出身の女性たちの多くが尼となったが、これはたとえば貴種身分出身の女性は、身分上の制約から適当な配偶者を得ることが困難な場合が多く、また経済的理由から尼寺に入寺させて生活を保証させるためであった。またそれぞれの家の家格に応じて宮廷や幕府に出仕させる子供を選び、これ以外の子供を職業的な僧尼にするため寺院に入れることは、男女を問わずに行なわれた。これは一族の中から出家者を出して祖先の菩提供養を行なわせるためでもあった。そして女子に住持を相承させ、寺に施入された家の資産を寺領として保護管理させるためでもあった。

　このため幼少から尼寺に入り一生を尼として過ごす者が増加し、多くは一〇歳以前に喝食《かっしき》▲として寺に入り、一三歳前後に得度して沙弥尼となり、さらに一五歳前後に比丘尼となった。尼たちは寺院内において、この修行階梯については平等ではあった。しかし貴種身分の女性が出家した尼寺は、基本的に御所などのあり方と類似しており、そして尼組織に女官や女房の身分秩序が投影していた。出身階層によって長老・住持などの地位に就く尼と、その従者的な尼として奉公する尼、さらに下仕えの労働をする尼など、実質的には世俗社会の身分差がもちこまれていた。同一寺院内において類似する身分の尼同志の確執も少なくはなかった。また中には婚姻のために還俗《げんぞく》させられる場合もあった。そして何れの階層の尼たちも、病気や老年になると暇乞いをして尼寺における地位を退き、尼寺の周辺、または場合によっては地方に下向《げこう》して、私的な院や庵

▼**喝食**　喝は唱えるの意で、行者が食事の種類、順序を衆僧に伝えること。禅宗では喝食行者に、沙弥として剃髪する前の有髪の童子が当たることが多くなり、稚児の別称にもなった。この時期の禅宗では尼の場合も喝食を経て沙弥尼となった。

で隠居し、最期を迎えることが多かった。

尼寺の仏教活動は、尼五山や関東祈禱所など、公的な役割をもった尼寺では、たとえば興福寺僧が法華寺別当となったように、僧が尼寺の別当として実質的に補佐する体制をとる場合もあった。しかし追善供養が重要な仏事として位置づけられていた菩提寺では、日常的には毎日の朝夕の勤行、毎月の出家者としての儀礼、宗派や寺によって異なるが、年中行事となっている仏教法会の他に、月毎や年毎の亡者忌日供養仏事を行なった。これは僧寺・尼寺の間で大差はなかった。

また尼寺の経済活動は役所組織の俗人男性が補佐する場合もあったが、北山栄泉庵比丘尼昌首座《しゅそ》のように尼自ら祠堂銭《しどうせん》▲の貸出を行なうなど、経済活動をしていた例もある。

一方、中世後期の地方尼寺と尼の状況は、未だ十分に解明されていないが、たとえば十四世紀後半の曹洞宗では、陸奥黒石の正法寺《しょうぼうじ》を拠点として活躍した月泉良印の元に、薄衣法幢寺《うすぎぬほうどうじ》住持の善悟比丘尼がいた。この尼は月泉弟子二七人の第一五番目の嗣法者とされ、月泉の葬儀には他の弟子に伍して重要な役割

▼**祠堂銭**　死者供養のために寄進された銭を資本に、低利率で貸し付け、利子収入で仏事費用を捻出する寺院金融。禅宗寺院にはじまるが、幕府から徳政免除特権が認められたこともあり、他宗にも普及した。

を担っていた。また大徹宗令の葬儀でも妙興比丘尼や尼衆が参加した例がある。しかし彼女たちの活躍が師の本葬のような特別の儀礼にしか登場しなくなる点から、出家教団における尼の地位は低いものであったのではないかと推測されている。そして近世の曹洞宗の尼や尼寺は僧寺の付随的存在で、尼は弟子取りを許されず、公的に布教伝道することもできなくなっていったとされている。

　このように、中世後期の尼たちは宗派毎に異なる点も多いが、全体としては教団内では僧よりも低い地位に置かれ、尼寺の宗教活動も僧寺の保護下に置かれていた。しかし職業的な尼の存在が確立し、尼寺は僧寺と並んで、公的な仏事を行なううえで欠くことのできない存在と位置づけられていたことも確かである。また出自身分の高さや経済力によって社会的地位が保証された尼たちが多かったこともあり、独自の尼寺文化を形成していったといえよう。

●—参詣の旅をする女性と尼
（『慕帰絵詞』）

往来・遍歴した尼たち

　前述した中世の尼寺の復興によって、尼寺に居住して活動する尼も増加したが、一方で、中世には勧進活動を行なうために、諸国を往来・遍歴する尼も多く存在した。『とはずがたり』の尼二条▲が宮廷生活に見切りをつけて、尼として自由な修行の旅を行なったように、諸国の寺社に参詣や巡礼する女性たちもいた。そして律宗の尼寺などが旅する女性たちの宿泊施設の役割を担ったこともあった。

古代から尼が勧進活動を行なうために往来・遍歴することは多かったと考えられる。九世紀初頭に成立した『日本霊異記』には、河内国若江郡遊村の沙弥尼が、人々を勧進して仏像と六道の図絵を画かせて平群山寺《へぐりのやまでら》に安置したという説話がある。このような活動は八世紀、あるいはそれ以前にもさかのぼると考えられる。

平安時代末期になると勧進比丘尼▲の史料が多くなり、東国の例では伊勢国度会郡山田郷常勝寺の勧進比丘尼真妙が、如法経の勧進事業を行なっている。真妙は大神宮辺の常覚寺の僧定西を筆頭に結縁僧計一〇人の協力を得て、如法経を平治元(一一五九)年八月十五日に完成し、経筒に入れて伊勢国勝峯山(朝熊山《あさまやま》第三経塚)に安置している。十二世紀中頃には経典を銅筒などに入れて地中に埋納する「埋経▲」が盛んになったが、このような阿弥陀信仰・浄土信仰の普及に、

▼**尼二条**　一二五八～?。後深草院二条。『とはずがたり』作者。父は源雅忠、母は四条隆親女。後深草院御所で育ち、院の皇子を出産するが夭折。西園寺実兼や仁和寺の法親王とも通じる。三一歳頃出家し西行にならい東国、畿内、西国などを旅した。

▼**勧進比丘尼**　勧進は世俗の人々に勧めて仏道へ誘うこと。造寺、造仏、写経、法会、橋など公共施設の造立、貧窮病者の救済などを発願し、費用を聖俗の人々から募る活動をいう。勧進比丘尼はこの勧進を行なう尼をさす。

▼**埋経**　経典を地中に埋納すること。瓦や石にも書写した。紙本経は経筒に入れて埋め、埋経場所を経塚という。十世紀頃からみえ、末法思想、弥勒下生信仰の発展と共に盛んになり、追善供養や極楽往生祈願としても行なわれた。

勧進比丘尼が重要な役割を果していたことがわかる。この伊勢外宮近辺の勧進比丘尼の活動は、後述する慶光院を拠点とした戦国期の伊勢比丘尼を生み出していく背景を考えるうえで興味深い。

また十三世紀前半の畿内では、成阿弥陀仏という勧進比丘尼が活躍していた。成阿弥陀仏は「東大寺八幡経」と称される『大般若経』書写の勧進をし、寛喜四（一二三二）年三月から毎年恒例となった八幡宮大般若会を始めている。その後この尼は嘉禎二（一二三六）年四月に上宮王院御舎利堂前で法華経転読を始め、また翌年四月の法隆寺講堂前の万灯会、九月の千部法華経転読結願《けちがん》大会、十二月に法隆寺の五重塔の石壇造立などを行なった。これは九条道家ゆかりの人々や慶政上人による法隆寺修復事業と結びついた活動であったが、この時の法隆寺修復事業には、この他に勧進比丘尼十忍の活動もみえ、この頃王権護持を祈願しながら、東大寺・法隆寺復興事業の勧進活動を行なった比丘尼たちが多くいたことがわかる。

十四世紀前半の東国では、陸奥国会津の熊野山新宮《しんぐう》証誠殿《しょうじょうでん》を拠点に活動した大勧進比丘尼の道仙、道観、明月などがみえる。在地の領主層や助成結縁衆一万三三三人または結縁衆一〇万人など、多くの人々に働きかけて神社の御正体《みしょうたい》などの寄進を勧めている。

　当時の勧進比丘尼たちは神仏習合の中で、神社の常住巫女や遍歴する歩き巫女などとも交流して活動した。また巫女から仏教的活動をする比丘尼になっていくこともあった。

宗教芸能活動をする尼

　中世後期には、若狭で人魚の肉を食して八百歳の長寿となった比丘尼、すなわち「八百比丘尼《はっぴゃくびくに》▲」伝説も流布した。このような伝説を利用しながら諸国を遍歴し、宗教芸能を営む尼たちもいた。たとえば『康富記《やすとみき》』には、文安六（一四四九）年五月に、世間をさわがせた「白比丘尼」という二百余歳の白髪の比丘尼が若狭から上洛したことを伝える記事がある。『臥雲日件録《がうんにっけんろく》』では八百歳老尼と同じであると解されていた。この白比丘尼は料金をとる見世物となっており、八百比丘尼の伝説を利用して勧進興行する芸能者であったと考えられる。また中原康富▲は、同じ頃一条西洞院の地蔵堂で、五〇歳ほどの東国比丘尼が『法華経』

▼八百比丘尼　若狭小浜出身で八百歳の長寿とされる伝説上の比丘尼。人魚または枸杞を食して不老不死の身となった娘が比丘尼となり諸国を遍歴したとされる。白比丘尼ともいい、シラは白神、オシラ神と通底する信仰と深い関係にあるという説もある。熊野権現信仰を唱導する女性たちによって語り広められたとされている。

▼中原康富　一三九九〜一四五七。室町時代の官人。権大外記として外記局で朝廷の政務に携わった。和歌・連歌、有職故実や学問に優れ、伏見宮、花山院家の子弟の教育にもあたった。『康富記』は応永二十四（一四一七）年から康正元（一四五五）年までの日記で、当時の政治・社会を知る好史料。

の談義を行なったという伝聞も記している。当時経典を談義する僧も多かったが、この比丘尼はいわば談義比丘尼とでもいうべき存在といえよう。

また『康富記』には、源氏物語を読む「源氏読比丘尼」がしばしば中原康富の家に訪れる様子が記されている。この比丘尼の法名は祐倫といい、一条兼良との交流もあり、『源氏物語』の梗概書の『光源氏一部謌』『山頂湖面抄』などを著わしたことでも知られる人物である。康富宅では、『源氏物語』を夕顔、若紫、末摘花、葵上、そして以前に読み残した帚木、若紫などに戻るなど、独特な順番で談じていた。そして時には宿泊していくこともあった。この時期物語僧、太平記読みなどの男性による文学芸能も盛んであったが、一条兼良のような教養をもつ貴族にも、また「上達部《かんだちめ》」の語に説明が必要な民衆にも『源氏物語』を語って往来する、このような女性の文学芸能は注目に値する。しかしこのような比丘尼の活動が、いつ頃までさかのぼれるのかなど不明な点も多い。

なお中世前期の安居院《あぐい》▲の唱導文芸には、伝澄憲法印作「源氏一品経」、伝聖覚法印作「源氏物語表白」など、虚言をもって『源氏物語』を創作した罪によって地獄に堕ちた紫式部を救済するものが残っている。特に「源氏一品経」は、比丘尼

▼安居院　京にあった比叡山延暦寺北谷竹林院の里坊。藤原通憲(信西)の子、澄憲が居住しその後、子の聖覚など子孫が代々拠点とした。澄憲を祖とする唱導の流派名ともなった。安居院流は中世の説経文学に大きな影響を与えた。

が施主となり地獄に堕ちた式部と『源氏物語』を読み耽った人々の両方を救済するために『法華経』を写経し、その経典の端絵《はしえ》▲として源氏絵を描かせる勧進活動を行なうという設定になっていた。残念ながら系譜関係は不明であるが、中世後期の源氏読比丘尼を考えるうえで、中世前期の源氏供養を勧進する比丘尼の存在は興味深いといえる。

熊野比丘尼と血盆経

代表的な女性の堕地獄譚として、前述した高僧の母や紫式部の他に、皇極天皇の堕地獄譚が『善光寺縁起』にみえる。天皇は憍慢嫉妬の心が深く、五障三従の賤しい女身ながら、十善の王位という天皇の位につき、その位を穢《けが》し悪政を行なったという罪で地獄に堕ちたとする。しかし頓死した本田善佐が身代わりを申し出て、最終的には二人共に地獄を脱して現世に蘇ったという。多くの女性たちが参詣に訪れた善光寺は、後述するように諸国を遍歴して勧進活動を行なった善光寺比丘尼の拠点でもあった。比丘尼たちの布教活動に利用されたこの女性天皇の堕地獄譚は、十三世紀半ば以前に成立していたとされ、平安後期

▼**端絵**　経典の端などに描かれた絵画。装飾経には表紙・見返・本文料紙などに仏画・経意絵などを描くものがある。平家納経などがその代表である。

●—皇極天皇の堕地獄（「善光寺参詣曼荼羅」）

までさかのぼると推測する説もある。

また中世後期には熊野比丘尼は、「熊野那智参詣曼荼羅」、血盆池地獄《けつぼんち》などを描いた「熊野観心十界曼荼羅」、南天竺の摩訶陀国の智けん上人・大王・五衰殿女御・太子を熊野の本地と説く「熊野本地絵巻」を携帯し、これを絵解きする活動を行なっていた。なお『熊野詣日記』によれば、紀伊国の熊野那智橋本《なちはしもと》では応永三十四(一四二七)年に橋勧進した尼が存在し、権現の夢告によって賜った阿弥陀の名号を人々が信心して拝むと、舎利が湧出したという奇瑞を伝えている。この比丘尼と「熊野那智参詣曼荼羅」の二の橋で祓《はらえ》をする巫女とが結びつくとする説もあるが、諸国を遍歴して絵解きした熊野比丘尼との関係など、残念ながら詳細は不明である。

「熊野観心十界曼荼羅」の上部には、太鼓橋のようなアーチが描かれ、人間が誕生から少年少女、壮年から老年になっていく一生の姿によって、六道輪廻《ろくどうりんね》の六道の一つである人道が表現されている。その下には極楽、さらに天道・修羅道・餓鬼道・畜生道・地獄が描かれている。特に地獄の描写は多様であり、その中に女性だけが堕ちるとされた血の池地獄もある。

●―「熊野観心十界曼荼羅」

●―熊野本地絵巻

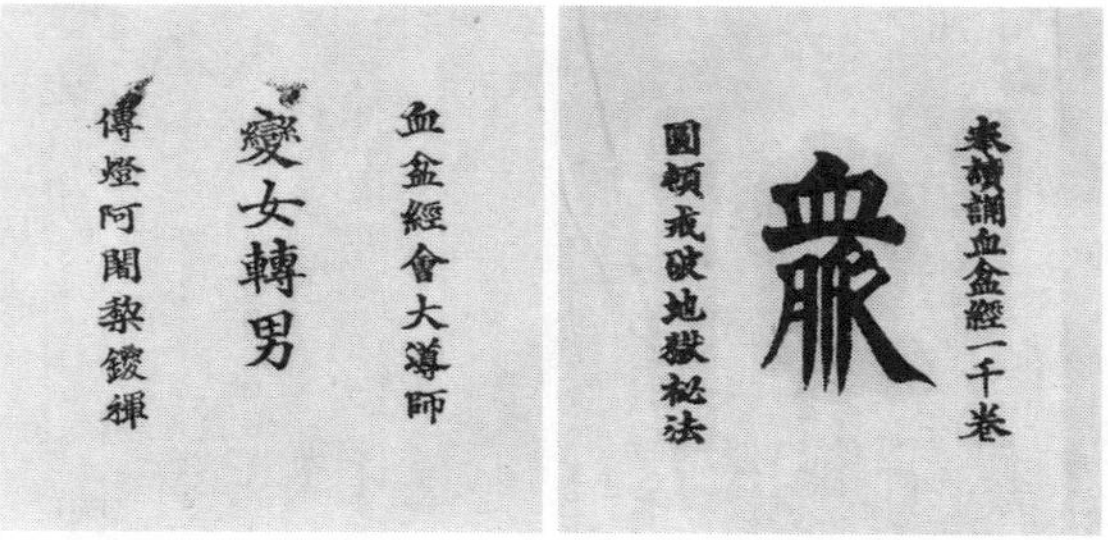

●——血盆経護符　立山山麓の芦《あし》峅寺《くらじ》姥堂《うばどう》で授けられていたもの。芦峅寺では秋の彼岸中日に閻魔堂から布橋《ぬのはし》を渡り姥堂に至る道に敷かれた白い布の上を、女性だけが歩き、死と往生を疑似体験する布橋大灌頂が行なわれた。

この血盆池地獄とは、女性が自分の流したお産や生理の血の穢れによって堕ちるとされた地獄であり、曼荼羅には蛇身となった女性たちが救済を求める姿や、女性に『血盆経』を示している如意輪観音菩薩が描かれているものもある。また子供を産めなかった女性が堕ちる不産女《うまずめ》地獄がみえるものもある。

このような血盆池地獄の信仰は、中国では十二世紀末からみえ、仏教だけでなく道教など民衆宗教の中で流布した。これが日本に伝わり中世後期の室町時代以降に流行し、天台系修験をはじめ近世には臨済宗、曹洞宗、浄土宗、真言律宗などさまざまな宗派が取り入れ、男性宗教者によっても布教されていった。多くは『血盆経』を女性の追善供養に写経したり、往生を祈願し、この地獄に堕ちないために、女性が生前からお守りとしてもつことを勧めるものであった。正長二(一四二九)年二月に武蔵の深大寺《じんだいじ》で息子が母の三十三回忌に『法華経』などと共に書写した例が初出で、十五世紀末の例では、甘露寺《かんろじ》親長《ちかなが》が母の三十三回忌供養のために自ら写経した例もある。

穢れの一つである血を忌む血穢思想を基礎とし、すべての女性が堕ちる、言わば大衆化した地獄の存在は、多くの女性たちに地獄の恐怖を実感させ、さらにその対極にある極楽に対する信心を固めさせるうえで、大事な役割を果した。しかし女性宗教者たちは、男性に頼って救済される受け身の女性ではなく、女性自らが積極的に、受戒・出家して仏教の修行をし、生前から追善供養の法会である逆修を行ない、寄進をして功徳を積み、地獄避けの御札を受けて地獄を回避するための準備をするという、ある意味で積極的な信心を起こすように呼びかけたものと考えられる。

勧進比丘尼の定着

十五世紀末に中世的な勧進活動が変化し、勧進聖・勧進比丘尼たちの後継者が寺内に定住して本願所▲を形成するようになった。そしてこの頃、尼の本願所が多く成立した。特に全国的にも最古に属する、文明元(一四六九)年の信濃善光寺の塔供養に関係した本願上人の例が、尼であった可能性が極めて高いことから、本願聖・本願比丘尼は尼から始まったのではないかという指摘もされている。

近世の熊野比丘尼は、毎年年末から正月に熊野に参詣し、年籠りをして受け

▼本願所　本願の原義は本来の誓願や仏菩薩が起こした衆生救済の誓願であるが、寺院・塔・仏像の造営・修理や社会救済活動を行なう半僧半俗の行者や聖も意味した。これらの勧進活動を行なった聖たちが定住または遊行の拠点とした所をいう。

た熊野牛王宝印・大黒天、梛《なぎ》の葉・酢貝を配って、結縁する檀那から願物・初穂を受け取っていた。この頃の熊野比丘尼には、神倉《かんのくら》本願寺院の妙心寺《みょうしんじ》の「寺付き」願職比丘尼▲と、諸国に散在する願職比丘尼の二形態があった。前者は熊野三山の傘下に山伏と共に組織され、公儀や紀州藩に願い出て藩領下や新宮とその周辺に勧進活動を行なった。そして後者は志摩越賀の妙祐坊など各地に定着していく者も多かった。しかし中には願職をもたない「紛れもの」もおり、また本願寺院の衰退により統制から離脱した者たちの中に、幼年の貧女を貰い受け歌比丘尼などにして売色を営む者も出現した。

伊勢比丘尼の拠点であった慶光院《けいこういん》は、寺伝では十四世紀後半の頃に開かれたが一旦絶え、十六世紀初頭に水害で流失した宇治橋再建のため諸国勧進した心鏡守悦が中興したと伝えている。ただし実際には中興第三代の清順とその跡を継いだ周養の頃からの詳細な活動の史料が残っており、清順は天文十八(一五四九)年に宇治大橋造営、永禄六(一五六三)年に一二九年間途絶えていた外宮の遷宮を復興した。清順没後は周養が天正十三(一五八五)年に一二三年間途絶えていた内宮を加えた両大神宮の遷宮を行なった。伊勢比丘尼は従来の役夫工米▲で

▼**願職比丘尼**　人々に勧進し、願物を熊野に輸送する職務をもつ比丘尼。願物とは結縁した人々が寄進した米や金銭。近世前期では熊野三山庵主の頂点に立つ新宮庵主が願職の免許権を持っていた。

▼**役夫工米**　伊勢神宮役夫工米ともいい、一国平均役の一つ。平安後期から室町時代に、二〇年に一度の式年遷宮の費用調達として全国の荘園・公領に一律に賦課されたが、寛正三(一四六二)年を最後に賦課がみられなくなった。

はなく、「郡県之奉加」という諸国勧進方式による資金調達を企画し、山田御師《おんし》の足代弘興の協力を得て勧進した。その後この功績により後奈良天皇から「国家安全・宝祚之善禱」を致すべしという綸旨《りんじ》を受け、慶光院の院号を勅許されて外宮造替の勧進を行なった。清順の出自は不明であるが紀伊国熊野の人ともされ、熊野比丘尼の系譜を引くと推測する説もある。周養も正親町《おおぎまち》天皇の綸旨を受けて京や諸国を勧進し、また信長・秀吉、さらに家康の造営費献進を得た。その後遷宮費用は幕府の負担となったため、勧進の必要がなくなり、次第に慶光院は遷宮に関わる名誉的な地位を継承する尼寺となったが、神仏分離によって明治に廃されている。

善光寺比丘尼の拠点である善光寺は、近世には僧による天台宗大勧進と、尼による浄土宗大本願に分かれていた。この大本願の住職歴代は武田信玄の命による本尊善光寺如来の甲府遷座に伴い甲斐善光寺の開山となった智浄(鏡空とも)から史料的に実在が確認できる。そしてこの頃から大本願住職は他寺の寺僧を勧進聖に起用し、金堂造営を監督して仏事法会を主宰する尼となり、直接勧進活動に携わる尼ではなくなっていたとされている。

●──「善光寺参詣曼荼羅」　この小山善光寺本の「善光寺参詣曼荼羅」は、智慶を中心とした善光寺比丘尼たちが、善光寺再建のために作成させたもの。上段の堂舎が大勧進、下段が大本願で、この中には堂内で女性の剃髪する姿、牛に引かれて善光寺に参詣する老女、皇極天皇堕地獄(85ページ写真参照)など、女性を題材とする絵が多くみえる。

智慶は住職となる以前の天正十(一五八二)年に、甲府から岐阜に遷座していた本尊を、本能寺の変の直後に背負って尾張国甚目寺《じもくじ》に遷し、その後も遠江鴨《かも》江寺《えでら》、甲斐、京都方広寺を転々として最終的に信濃に帰座させたが、慶長二(一五九七)年の本尊上洛時に、大本願の「上人」号再興を願い出てその後勅許されている。なお智慶は甚目寺出身説もあるが、熊野比丘尼系の出自をもつ可能性も指摘されている。

このように中世的勧進活動の変化の中で、本願所を拠点に活動した勧進比丘尼の中には、王権との結び付きを強め、院号、上人号、紫衣《しえ》もしくは香衣《こうえ》▲、参内を許されて貴族化したものがあった。近世には慶光院・善光寺の他に、善光寺で出家した日秀が享禄二(一五二九)年に開いたとする尾張誓願寺《せいがんじ》の熱田上人を天下の三大上人と呼んだ。そして慶光院は十八世紀中頃には主に勧修寺家の女子が入院するようになり、善光寺大本願も次第に大名、公家、宮家の女子がつくようになった。天皇家や将軍家に関わる尼寺の系譜を引く尼寺が比丘尼御所の寺として門跡《もんぜき》化したことと同様の道を歩むことになったといえる。

▼**香衣**　香染の僧衣。乾陀《けんだ》の樹皮で染め、黄に黒みを帯びた色で袈裟の色の一つとされた。天台・真言は赤に黄を帯びた色、禅宗では黄色、浄土宗は紫・緋以外の色。衣の色は免許によって着用が許された。

●──写真所蔵・提供者一覧(敬称略，五十音順)

厳島神社・奈良国立博物館　カバー表, p. 24
大山崎町教育委員会　p. 37左
香芝市二上山博物館保管　p. 11下
宮内庁正倉院事務所　p. 15下
クリーブランド美術館・中央公論新社『続日本絵巻大成11　融通念仏縁起』より　p. 62
光明寺・鎌倉国宝館　p. 51上
シカゴ美術館・中央公論新社『続日本絵巻大成11　融通念仏縁起』より　p. 39
清浄光寺・歓喜光寺　p. 70
浄土真宗本願寺派宗務所　p. 80
善光寺・大阪歴史博物館　p. 85, p. 92
武久品子・岡山県立博物館　p. 87
知恩院・京都国立博物館　p. 51下, p. 52
知恩院・東京国立博物館　p. 58
朝護孫子寺・奈良国立博物館　p. 47
天理大学附属天理図書館　p. 37右
東京国立博物館　p. 64, p. 67
東京大学文学部　p. 33
富山県[立山博物館]　p. 88
奈良文化財研究所　p. 15上
藤田美術館　カバー裏
仏光寺・同朋舎出版『真宗重宝聚英　第十巻』より　p. 73
フリーア美術館・ユニフォトプレス　扉
宝鏡寺・著者　p. 66
米沢市(上杉博物館)　p. 76

製図：曾根田栄夫

山家浩樹「無外如大の創建寺院」『三浦古文化』53, 1993年
湯之上隆「足利氏の女性たちと比丘尼御所」『古代中世史論集』吉川弘文館, 1990年
吉田一彦・勝浦令子・西口順子『日本史の中の女性と仏教』法蔵館, 1999年
バーバラ・ルーシュ『もう一つの中世像』思文閣出版, 1991年
脇田晴子『日本中世女性史の研究』東京大学出版会, 1992年

岡佳子「近世の比丘尼御所(上・下)」『仏教史学研究』42−2・44−2,2000年・2002年
小原仁「転女成仏説の受容について」『日本仏教史学』24,1990年
勝浦令子『女の信心 ── 妻が出家した時代』平凡社,1995年
勝浦令子『日本古代の僧尼と社会』吉川弘文館,2000年
勝浦令子「女の死後とその救済」『仏と女』吉川弘文館,1997年
勝浦令子「往来・遍歴する女性たち」『天皇と王権を考える』7,岩波書店,2002年
神田千里『一向一揆と真宗信仰』吉川弘文館,1991年
京楽真帆子「女性と仏教」『日本の仏教』1,法蔵館,1994年
小島鉦作「慶光院清順・周養の事蹟と慶光院文書の歴史的意義」『小島鉦作著作集』2,吉川弘文館,1985年
須田春子『律令制女性史研究』千代田書房,1978年
高木豊『仏教史の中の女人』平凡社,1988年
平雅行『日本中世社会と仏教』塙書房,1992年
豊島修「熊野三山の庵主・本願寺院と願職比丘尼」『大谷学報』80−1,2000年
西口順子『女の力 ── 古代の女性と仏教』平凡社,1987年
西口順子「日本史上の女性と仏教」『国文学解釈と鑑賞』56-5,1991年
西口順子「王朝仏教における女人救済の論理」『性と身分』春秋社,1989年
西口順子「女性の出家と受戒」『京都女子大学宗教・文化研究所　研究紀要』5,1992年
西口順子「成仏説と女性」『日本史研究』366,1993年
西口順子編著『仏と女』吉川弘文館,1997年
西口順子「尼・家・寺」『女性史を学ぶ人のために』世界思想社,1999年
野村育世「鎌倉時代の古文書にみる女性の仏教認識・心性」『仏教史学研究』39−1,1996年
萩原龍夫『巫女と仏教史』吉川弘文館,1983年
原田正俊「禅宗と女性」『仏と女』吉川弘文館,1997年
細川涼一『中世の律宗寺院と民衆』吉川弘文館,1987年
細川涼一『女の中世』日本エディタースクール出版部,1989年
細川涼一「西琳寺惣持と尼」『シリーズ女性と仏教2　救いと教え』平凡社,1989年
細川涼一『漂泊の日本中世』ちくま学術文庫,2001年
松尾剛次「鎌倉新仏教と女人救済」『仏教史研究』37-2,1994年

●—主要参考文献

荒川玲子「景愛寺の沿革」『書陵部紀要』28, 1978年
石川力山「道元の『女身不成仏論』について」『駒澤大学禅研究所年報』1, 1990年
石川力山「中世仏教における尼の位相について(上・下)」『駒澤大学禅研究所年報』3・4, 1992・1993年
岩本裕『仏教と女性』第三文明社レグルス文庫, 1980年
今堀太逸『神祇信仰の展開と仏教』吉川弘文館, 1990年
今堀太逸「法然の念仏と女性」『仏と女』吉川弘文館, 1997年
牛山佳幸「中世の尼寺と尼」『シリーズ女性と仏教1　尼と尼寺』平凡社, 1989年
牛山佳幸『古代中世寺院組織の研究』吉川弘文館, 1990年
牛山佳幸「『女人禁制』再論」『山岳修験』17, 1996年
牛山佳幸「寺院史の回顧と展望」『日本の仏教』1, 法蔵館, 1994年
遠藤一「坊守以前のこと」『シリーズ女性と仏教3　信心と供養』平凡社, 1989年
遠藤一「絵系図の成立と仏光寺・了明尼教団」『仏と女』吉川弘文館, 1997年
大石雅章「比丘尼御所と室町幕府」『日本史研究』335, 1990年
大石雅章「尼の法華寺と僧の法華寺」『仏と女』吉川弘文館, 1997年
大隅和雄「仏教と女性」『歴史評論』395, 1983年
大隅和雄「女性と仏教 — 高僧とその母」『史論』36, 1983年
大隅和雄・西口順子編『シリーズ女性と仏教1　尼と尼寺』平凡社, 1989年
大隅和雄・西口順子編『シリーズ女性と仏教2　救いと教え』平凡社, 1989年
大隅和雄・西口順子編『シリーズ女性と仏教3　信心と供養』平凡社, 1989年
大隅和雄・西口順子編『シリーズ女性と仏教4　巫と女神』平凡社, 1989年
大塚実忠「史料紹介　比丘尼御所歴代(1)〜(5)」『日本仏教』26〜28・31・32, 1967〜1968年・1970年
大塚実忠「法華滅罪寺中興　聖恵房慈善」『日本仏教』28, 1968年

日本史リブレット16
古代《こだい》・中世《ちゅうせい》の女性《じょせい》と仏教《ぶっきょう》

2003年３月25日　１版１刷　発行
2021年３月31日　１版５刷　発行

著者：勝浦令子《かつうらのりこ》

発行者：野澤武史

発行所：株式会社 山川出版社

〒101－0047　東京都千代田区内神田１－13－13
電話　03(3293)8131(営業)
03(3293)8135(編集)
https://www.yamakawa.co.jp/
振替　00120-9-43993

印刷所：明和印刷株式会社

製本所：株式会社 ブロケード

装幀：菊地信義

Printed in Japan ISBN 978-4-634-54160-3

日本史リブレット 第Ⅰ期［68巻］・第Ⅱ期［33巻］ 全101巻

1 旧石器時代の社会と文化
2 縄文の豊かさと限界
3 弥生の村
4 古墳とその時代
5 大王と地方豪族
6 藤原京の形成
7 古代都市平城京の世界
8 古代の地方官衙と社会
9 漢字文化の成り立ちと展開
10 平安京の暮らしと行政
11 蝦夷の地と古代国家
12 受領と地方社会
13 出雲国風土記と古代遺跡
14 東アジア世界と古代の日本
15 地下から出土した文字
16 古代・中世の女性と仏教
17 古代寺院の成立と展開
18 都市平泉の遺産
19 中世に国家はあったか
20 中世の家と性
21 武家の古都、鎌倉
22 中世の天皇観
23 環境歴史学とはなにか
24 武士と荘園支配
25 中世のみちと都市
26 戦国時代、村と町のかたち
27 破産者たちの中世
28 境界をまたぐ人びと
29 石造物が語る中世職能集団
30 中世の日記の世界
31 板碑と石塔の祈り
32 中世の神と仏
33 中世社会と現代
34 秀吉の朝鮮侵略
35 町屋と町並み
36 江戸幕府と朝廷
37 キリシタン禁制と民衆の宗教
38 慶安の触書は出されたか
39 近世村人のライフサイクル
40 都市大坂と非人
41 対馬からみた日朝関係
42 琉球の王権とグスク
43 琉球と日本・中国
44 描かれた近世都市
45 武家奉公人と労働社会
46 天文方と陰陽道
47 海の道、川の道
48 近世の三大改革
49 八州廻りと博徒
50 アイヌ民族の軌跡
51 錦絵を読む
52 草山の語る近世
53 21世紀の「江戸」
54 近代歌謡の軌跡
55 日本近代漫画の誕生
56 海を渡った日本人
57 近代日本とアイヌ社会
58 スポーツと政治
59 近代化の旗手、鉄道
60 情報化と国家・企業
61 民衆宗教と国家神道
62 日本社会保険の成立
63 歴史としての環境問題
64 近代日本の海外学術調査
65 戦争と知識人
66 現代日本と沖縄
67 新安保体制下の日米関係
68 戦後補償から考える日本とアジア
69 遺跡からみた古代の駅家
70 古代の日本と加耶
71 飛鳥の宮と寺
72 古代東国の石碑
73 律令制とはなにか
74 正倉院宝物の世界
75 日宋貿易と「硫黄の道」
76 荘園絵図が語る古代・中世
77 対馬と海峡の中世史
78 中世の書物と学問
79 史料としての猫絵
80 寺社と芸能の中世
81 一揆の世界と法
82 戦国時代の天皇
83 日本史のなかの戦国時代
84 兵と農の分離
85 江戸時代のお触れ
86 江戸時代の神社
87 大名屋敷と江戸遺跡
88 近世商人と市場
89 近世鉱山をささえた人びと
90 「資源繁殖の時代」と日本の漁業
91 江戸の浄瑠璃文化
92 江戸時代の老いと看取り
93 近世の淀川治水
94 日本民俗学の開拓者たち
95 軍用地と都市・民衆
96 感染症の近代史
97 陵墓と文化財の近代
98 徳富蘇峰と大日本言論報国会
99 労働力動員と強制連行
100 科学技術政策
101 占領・復興期の日米関係